Imunidade das Entidades Filantrópicas

Imunidade das Entidades Filantrópicas

POLÍTICA INDUTORA DA CONCRETIZAÇÃO DOS DIREITOS SOCIAIS ASSEGURADA NO § 7º DO ART. 195 DA CONSTITUIÇÃO FEDERAL

2024

Vanderlei José Vianna

ALMEDINA

IMUNIDADE DAS ENTIDADES FILANTRÓPICASA
POLÍTICA INDUTORA DA CONCRETIZAÇÃO DOS DIREITOS SOCIAIS
ASSEGURADA NO § 7º DO ART. 195 DA CONSTITUIÇÃO FEDERAL

AUTOR: Vanderlei José Vianna

DIRETOR ALMEDINA BRASIL: Rodrigo Mentz
EDITORA-CHEFE: Manuella Santos de Castro
EDITOR PLENO: Aurélio Cesar Nogueira
PRODUTORA EDITORIAL: Erika Alonso
ASSISTENTES EDITORIAIS: Laura Roberti, Tacila da Silva Souza e Patrícia Romero

DIAGRAMAÇÃO: Almedina
DESIGN DE CAPA: Roberta Bassanetto

ISBN: 9788584937387
Junho, 2024

Dados Internacionais de Catalogação na Publicação (CIP)
(Câmara Brasileira do Livro, SP, Brasil)

Vianna, Vanderlei José
Imunidade das entidades filantrópicas : política indutora da concretização dos direitos sociais assegurada no § 7º do art. 195 da Constituição Federal / Vanderlei José Vianna. – São Paulo : Almedina, 2024.

ISBN 978-85-8493-738-7

1. Assistência social 2. Direito tributário – Brasil 3. Filantropia
4. Imunidade tributária – Brasil 5. Organizações da sociedade civil – Brasil
6. Terceiro setor – Leis e legislação – Brasil
I. Título.

24-207052 CDU-34:336.2

Índices para catálogo sistemático:

1. Terceiro setor : Imunidade das contribuições sociais : Direito tributário 34:336.2

Eliane de Freitas Leite – Bibliotecária – CRB 8/8415

Universidade Católica de Brasília – UCB
Reitora: Profa. Me. Adriana Pelizzari
Pró-Reitora Acadêmica: Profa. Me. Adriana Pelizzari
Pró-Reitor de Administração: Prof. Me. Weslley Rodrigues Sepúlvida
Coordenador de Internacionalização: Prof. Dr. Ir. Lucio Gomes Dantas
Coordenadora de Pesquisa e Extensão: Profa. Dra. Silvia Kéli de Barros Alcanfor
Coordenador do Programa de Pós-Graduação em Direito: Prof. Dr. Maurício Dalri Timm do Valle
Editor-Chefe do Convênio de Publicações: Prof. Dr. Maurício Dalri Timm do Valle

Este livro segue as regras do novo Acordo Ortográfico da Língua Portuguesa (1990).

EDITORA: Almedina Brasil
Rua José Maria Lisboa, 860, Conj.131 e 132, Jardim Paulista | 01423-001 São Paulo | Brasil
editora@almedina.com.br
www.almedina.com.br

A Deus minha gratidão profunda, por me conceder forças para cada etapa deste estudo. Dedico este trabalho à minha esposa, ELAINE, e aos nossos filhos, GABRIEL e LUCAS.

"*Sua mulher será como videira frutífera em sua casa; seus filhos serão como brotos de oliveira ao redor de sua mesa. Assim será abençoado o homem que teme ao Senhor*". Salmo 128:3-4

Todos os governos modernos tomam providências a favor dos indigentes, dos infelizes e dos deficientes e se preocupam com questões de saúde e com a disseminação do conhecimento. Não há razões para que essas atividades de puro serviço não sejam ampliadas com o crescimento geral da riqueza. (Friedrich A. Hayek)

AGRADECIMENTOS

Primeiro Deus. Meu tributo de gratidão em primeiro lugar ao Senhor Jesus Cristo, "em quem estão escondidos todos os tesouros da sabedoria e da ciência". (Colossenses 2:3). Em cada dificuldade e perplexidade, encontrei no Consolador (João 14:16), o Meu Orientador.

Agradeço profundamente o suporte emocional da minha esposa Elaine e dos filhos Gabriel e Lucas. Não foi fácil para Elaine se desdobrar com três estudantes em casa: os filhos concluíram a graduação e o esposo o Mestrado ao mesmo tempo. Ela nos abençoou com sua motivação e paciência.

Meu reconhecimento ao amigo e irmão de fé, o Mestre Dr. Luigi Mateus Braga, advogado geral da Divisão Sul-Americana da Igreja Adventista do Sétimo Dia, meu líder, que lançou o desafio para a equipe buscar melhor qualificação, cabendo a mim o privilégio de seguir a pesquisa na mesma linha que ele desenvolvera na Universidade Católica de Brasília (UCB), sob orientação do professor doutor José Eduardo Sabo Paes, referência do Terceiro Setor. Agradeço ao Dr. Sabo, meu primeiro orientador, por me desafiar, mostrar a direção e me incluir no seleto grupo de pesquisadores do Núcleo de Estudos e Pesquisas Avançadas do Terceiro Setor (NEPATS).

Minha enorme gratidão ao professor Dr. Maurin Almeida Falcão, o segundo orientador, pelas preciosas reflexões e valiosa direção dada ao trabalho, bem como meu sincero agradecimento ao professor Dr. Maurício Dalri Timm do Valle, orientador na fase final, pelas leituras determinadas, a segurança que me transmitiu, a incrível motivação para cruzarmos a linha de chegada e pela sincera amizade construída.

Não há palavras para demonstrar minha gratidão aos administradores da Igreja Adventista do Sétimo Dia na América do Sul, os pastores Erton Carlos Köhler, Stanley Edilson Arco, Edward Heidinger e Marlon de Souza Lopes, líderes da organização à qual sirvo no território como advogado de dedicação exclusiva há 23 anos, por viabilizarem aos colaboradores as condições, em todos os aspectos, para a educação continuada, no meu caso, incontáveis cursos nas mais diversas áreas do Direito, bem como a pós-graduação em Estudos Adventistas e o Mestrado em Direito.

Agradeço aos colegas do escritório jurídico da igreja, os atuais e os que trabalharam comigo durante o período do curso, por assumirem responsabilidades em meu lugar em algumas ocasiões, além de incontáveis contribuições que enriqueceram a pesquisa. São eles: Dr. Augusto Filipe Azevedo Rocha, Dra. Danielle Noemi Thomaz Cruz, Dra. Carlise Catarina Antal Bulati, Dr. Jainer Melo de Oliveira, Dr. Lawrency Almeida Lima, Dr. Tales Rodrigues Moura, Dra. Stefanne Amorin Ortelan e aos colegas advogados das Uniões, Associações e Instituições Adventistas na América do Sul.

Agradeço aos professores componentes da minha banca de qualificação, Dr. Maurin Almeida Falcão, Dr. Rosaldo Trevisan e o Dr. Jeferson Teodorovicz, que fizeram valiosas reflexões e me encorajaram a avançar ou a recuar em alguns em pontos até então impensados sobre o tema pesquisado.

Agradeço, também, aos meus professores ao longo de todo o programa: Dra. Ana Lucia Pretto Pereira; Dr. Deo Campos Dutra; Dr. Guilherme Roman Borges; Dr. João Rezende de Almeida Oliveira; Dr. José Eduardo Sabo Paes; Dr. Mauricio Dalri Timm do Valle; Dr. Maurin Almeida Falcão; Dr. Nefi Cordeiro; Dra. Paula Pessoa Pereira e Dr. Rosaldo Trevisan pelo amadurecimento como pesquisador do Direito, e, também, aos professores Dr. Cleucio Santos Nunes e Dra. Ana Pretto, meus avaliadores no ingresso como aluno regular.

Agradeço, ainda, a contribuição dada pelos colegas estudantes, impossível citar todos os advogados, juízes, membros do Ministério Público, auditores fiscais, procuradores da República e profissionais de outras áreas que fizemos trabalho em conjunto. Tive a alegria de firmar com alguns verdadeira e sincera amizade.

Por fim, minha gratidão ao incentivo de meus familiares, em especial minhas irmãs Vanilda, Vilma e Vânia, que sempre se orgulharam de minha jornada.

Em memória de meus pais, Viomar e Elza, e de meus irmãos Vera, Valdevir e Waldeir que certamente celebrariam comigo a conquista, mas que descansam de seus labores aqui na Terra.

PREFÁCIO

Foi com satisfação e alegria que recebi o honroso convite do Advogado Vanderlei José Vianna para prefaciar a obra **"Imunidade das Entidades Filantrópicas - Política Indutora da Concretização dos Direitos Sociais Assegurados no § 7º do art. 195 da Constituição Federal"**, fruto de seu exitoso mestrado na Universidade Católica de Brasília - UCB.

Satisfação porque tive o ensejo de, por meio de demoradas e prazerosas conversas com o autor, encontrar nele profundo conhecedor do tema fruto de seus anos de advocacia e de sua exitosa atuação no campo do Terceiro Setor, quer como integrante do Conselho Nacional de Assistência Social - CNAS, quer como advogado há 24 anos, em regime de dedicação exclusiva à Igreja Adventista do Sétimo Dia, onde tem se revelado como ator importante para o deslinde e orientação de diversas questões no âmbito tributário, trabalhista, educacional e saúde, entre outros tantos campos correlatos.

Alegria porque quando um aluno como Vanderlei Vianna, o qual tive há alguns anos a oportunidade de incentivá-lo a entrar no programa de Mestrado em Direito da Universidade Católica de Brasília (UCB) e o acompanhando há 20 anos, presencio seu destaque no âmbito profissional e no mundo acadêmico, e isto traz para nós, seus orientadores, uma felicidade muito grande. Ressalto, também, que no nosso Núcleo de Estudos e Pesquisas Avançados no Terceiro Setor - NEPATS, sua atuação é ativa no campo da discussão, reflexão e pesquisa a respeito da imunidade da certificação das entidades beneficentes de assistência social.

Mas, confesso que o convite para prefaciar a obra do amigo Vanderlei Vianna foi mais que prazeroso, foi instigante e com momentos de reflexão e até mesmo de aprendizado.

Instigante por ter tido a possibilidade que agora relato, em descortinar a obra que contém conteúdo que é atualíssimo no campo de estudo no Terceiro Setor e especificamente da imunidade das entidades filantrópicas e, além disso, como indutoras da concretização dos direitos sociais.

Por certo o tema é relevante e desafiador. Relevante pela importância de termos, no Brasil, comprovadamente mais de 800.000 mil entidades privadas sem fins lucrativos que atuam na promoção de defesa de direitos nas mais variadas áreas da saúde, da educação, da cultura, da assistência social a acesso à tecnologia, assim entre tantos outros, todas essenciais a defesa e garantia dos direitos fundamentais previstos na nossa Constituição.

Desafiador na medida em que teve como norte específico o exame daquelas que são denominadas de "entidades beneficentes de assistência social" e assim certificadas pelo Ministério da Cidadania, de Educação e Cultura, cuja atuação é focada em três áreas fundamentais e elencadas no rol de direitos sociais e inseridos no art. 6º da Constituição Federal, como saúde, educação e assistência social.

Até porque, e aqui está a relevância e o desafio, estas entidades recebem um tratamento tributário específico, tanto de imunidade de impostos previstos no art. 150 da Constituição Federal, como de imunidade de contribuições sociais, nos moldes do art. 195, parágrafo 7º, da referida Constituição.

E, todas essas entidades, inclusive por termos a participação da sociedade civil na sua composição e atuação, são essenciais para fazer com que o fomento, o desenvolvimento social e a promoção de direitos fundamentais sejam concretizados por meio do desempenho delas com base no tratamento fiscal, fazendo jus no campo da imunidade de impostos e contribuições sociais.

São cinco os capítulos que compõem a obra que inicia apresentando aos leitores uma primeira compreensão do que seja o Terceiro Setor, sua conceituação, composição, interface com o Estado e a Sociedade Civil, características e relevante papel que desempenha no âmbito brasileiro, com vista à concretização de direitos sociais.

O autor, já no capítulo 2, ao tratar da imunidade tributária, enfoca suas limitações e, acertadamente, primeiro diferencia suas imunidades dos impostos das "instituições de educação ou de assistência social", e a imunidade das contribuições sociais das "entidades beneficentes de assistência social", previstos respectivamente no art. 150, VI, e art. 197, § 7º, ambos da Constituição Federal e, segundo já aponta com fulcro em Aliomar Baleeiro, que a lei complementar não pode criar limitações que não existam na Constituição, nem para restringir ou dilatar o campo por ela determinado e sim completa e esclarece as disposições relativas a limitação, facilitando sua execução de acordo com os fins que o inspiraram o legislador constituinte.

O Capítulo 3, nomeado pelo autor como "Certificação das entidades beneficentes de assistência social" é o cerne ou o coração de sua obra, onde foi apresentado a história de certificação – esclarecendo *ab initio* que as entidades beneficentes sempre foram detentoras de imunidades tributária – e a identificação e a análise de todos os marcos normativos desde a atuação do Conselho Nacional de Serviço Social (CNSS), com base na Lei nº 3.577/59, até a recente Lei Complementar nº 187 de 16 de dezembro de 2021, com sua redação publicada após 05 de julho de 2022, com a derrubada dos vetos nela impostos, inclusive seu recente regulamento de 21 de novembro de 2023, o Decreto nº 11.791.

Destaco que o autor, com objetividade e assertividade que lhe é peculiar, soube, para a felicidade dos leitores, pontuar em cada um desses momentos o posicionamento do Supremo Tribunal Federal (STF), considerando ao longo dos anos como inconstitucional, na forma e no conteúdo, requisitos acrescidos por normativos, leis e decretos, que estabeleceram requisitos outros para entidades terem acesso ao certificado (CEBAS) e a própria imunidade de impostos e contribuições sociais.

Até mesmo porque tais exigências, na prática, inviabilizaram a existência e manutenção da prestação de serviços de muitas entidades beneficentes.

Sabedor que as entidades do Terceiro Setor, em especial as beneficentes, são aquelas organizações da sociedade civil que mais estão preparadas para auxiliar o Estado no cumprimento e implementação de direitos sociais e fundamentais assumidos constitucionalmente, Vanderlei Vianna aborda imunidades como exercício de política da extrafiscalidade do Estado, quando este lança mão de instrumentos como renúncias fiscais para o alcance de objetivos sociais. E, nesta linha, traz a extrafiscalidade como a explicação e justificativa para a imunidade das entidades beneficentes, haja, vista que a intervenção do Estado é para o alcance de resultados não somente econômicos, mas sobretudo sociais.

De forma clara, acerta o autor nas suas colocações e o faz demonstrando o número dos gastos tributários ao examinar na LDO[1], as renúncias em contribuições sociais das entidades filantrópicas e ao expor com amparo dos dados de pesquisa científica do Fórum de Instituições Filantrópicas (FONIF)[2], o expressivo retorno para a sociedade como contrapartida de sua imunidade, os resultados que apresenta as entidades beneficentes de assistência social nos campos da saúde, educação e assistência social.

No quinto e último capítulo, nosso autor, com diligência que o caracteriza, traz a lume em assertiva clara que "o usufruto da imunidade tributária não é um salvo contudo para que as entidades do Terceiro Setor não prestem contas para a sociedade das atividades que realizam". Para tanto faz importante exame da Lei nº 12.846/13, conhecida como lei anticorrupção, que estabelece a responsabilização de pessoas jurídicas entre as quais as organizações da sociedade civil pela prática de atos lesivos a administração pública, praticados em seus interesses ou benefícios. E, em boa hora, examina e discorre sobre a lei e seu regulamento e a imediata aplicação ao Terceiro Setor.

Assinalo, de plano, que concordo inteiramente com a necessidade de aprimoramento dos procedimentos internos das entidades, com a implementação de maior transparência de seus dados, criação de regulamentos de condutas de seus dirigentes e prepostos e implementação de programas de qualificação e profissionalização de gestão, tudo refletindo na necessidade de implementação de programa de *compliance*.

Na compreensão de que a imunidade tributária das contribuições sociais inscritas no § 7º do art. 195 da Constituição Federal de 1988, é instrumento extrafiscal essencial para a realização de valores constitucionais com a finalidade de fomentar o desenvolvimento social e a construção de uma sociedade livre, justa e solidária e que reduza as desigualdades

[1] Demonstrativo de Gatos Tributários – DGT.PLOA 2022. Disponível em: https://www.gov.br/receitafederal/pt-br/centrais-de-conteudo/publicações/relatorios/renuncia/gastos-tributtarios-ploa-2022-base-conceitual/view. Acesso em: 13 mai. 2024.

[2] Pesquisa "A contrapartida do setor filantrópico no Brasil". Disponível em: https://fonif.org.br/pesquisas/. Acesso em: 13 mai. 2024.

sociais, entre os valores expressos no artigo 3º da Carta Magna, o autor conclui adequadamente que o Estado brasileiro deve continuar motivando e amparando as ações da sociedade civil neste importante campo.

Por tudo, a obra de Vanderlei José Vianna definitivamente é de leitura obrigatória. Revestir-se-á de referência para todos aqueles que atuam no âmbito do Estado, do mercado e da própria sociedade, sendo ferramenta de grande utilidade para advogados, membros do Ministério Público, Magistrados e operadores sociais, pois servirá de base para manifestações, pareceres e decisões a identificar a importante atuação das entidades integrantes do Terceiro Setor, notadamente as filantrópicas como essenciais ao atendimento à sociedade e ao próprio Estado na concretização de direitos sociais.

Brasília, 14 de maio de 2024.

JOSÉ EDUARDO SABO PAES
Procurador de Justiça do Ministério Público do Distrito Federal e Territórios
Procurador Distrital dos Direitos do Cidadão
Pós Doutorado em Democracia e Direitos Humanos pelo Ius Gentium Conimbriagae / Centro de Direitos Humanos (IGC) - Coimbra, Portugal.
Doutor em Direito pela Universidade Complutense de Madri
Professor e Coordenador do NEPATS – Núcleo de Estudos e Pesquisas Avançadas do Terceiro Setor.

LISTA DE SIGLAS E ABREVIATURAS

ADI	Ação Direta de Inconstitucionalidade
ADPF	Ação de Descumprimento de Preceito Fundamental
CCJ	Comissão de Constituição e Justiça
CEBAS	Certificação de entidades beneficentes de assistência social
CGCEBAS	Coordenação-Geral de Certificação de Entidades Beneficentes de Assistência Social
CGU	Controladoria-Geral da União
CNES	Cadastro Nacional de Estabelecimentos de Saúde
CNPJ	Cadastro Nacional da Pessoa Jurídica
COFINS	Contribuição para o Financiamento da Seguridade Social
CTN	Código Tributário Nacional
DGT	Demonstrativo de Gastos Tributários
FGTS	Fundo de Garantia por Tempo de Serviço
FONIF	Fórum Nacional de Instituições Filantrópicas
IBGE	Instituto Brasileiro de Geografia e Estatística
IES	Instituição de Ensino Superior
INEP	Instituto Nacional de Estudos e Pesquisas Educacionais Anísio Teixeira Matriz
INSS	Instituto Nacional da Seguridade Social
IPEA	Instituto de Pesquisa Econômica Aplicada
IPTU	Imposto Predial e Territorial Urbano
IRPJ	Imposto de Renda de Pessoa Jurídica
LDB	Lei de Diretrizes e Bases da Educação Nacional
LOAS	Lei Orgânica da Assistência Social
ONG	Organização Não Governamental
OSCIP	Organização da Sociedade Civil de Interesse Público

MDS	Ministério do Desenvolvimento e Assistência Social, Família e Combate à Fome
MEC	Ministério da Educação
MI	Mandado de Injunção
MS	Ministério da Saúde
OSC	Organização da Sociedade Civil
PLP	Projeto de Lei Complementar
PROUNI	Programa Universidade para Todos
RFB	Receita Federal do Brasil
SIA/SUS	Sistema de Informação Ambulatorial do Sistema Único de Saúde
SIH/SUS	Sistema de Informação Hospitalar do Sistema Único de Saúde
SERES	Secretaria de Regulação e Supervisão da Educação Superior
STF	Supremo Tribunal Federal
TCU	Tribunal de Contas da União
UCB	Universidade Católica de Brasília
UPF	Utilidade Pública Federal

SUMÁRIO

INTRODUÇÃO

Os dados mais recentes apontam que, atualmente, o Terceiro Setor no Brasil conta com mais de 800 mil entidades privadas sem fins lucrativos espalhadas pelas 27 unidades da Federação, que atuam na promoção e defesa de direitos, e em atividades nas áreas de saúde, educação, direitos humanos, ciência e tecnologia, cultura, desenvolvimento agrário, assistência social com foco na criança e adolescente, idosos, pessoas com deficiência, entre outros.

Segundo registros do IPEA – Instituto de Pesquisa Econômica Aplicada, em 2020 o número exato era de 815.676 organizações da sociedade civil[3], antes conhecidas como ONGs – Organizações Não Governamentais, nome atualmente em desuso.

Inseridas nesta constelação de pessoas jurídicas, organizadas como associações e fundações, estão as chamadas "entidades beneficentes de assistência social", certificadas com o CEBAS – Certificado de Entidade Beneficente de Assistência Social, totalizando 10.303 organizações em 2020, sendo 6.150 certificadas pelo Ministério da Cidadania (CEBAS/MDS), 1.668 certificadas pelo Ministério da Educação (CEBAS/MEC) e 2.485 pelo Ministério da Saúde (CEBAS/SAÚDE).[4]

O presente estudo tem como escopo o universo destas mais de 10 mil organizações – também conhecidas como entidades filantrópicas –, cuja atuação é focada em três áreas fundamentais consagrados no rol

[3] Mapa das Organizações da Sociedade Civil. Disponível em: https://mapaosc.ipea.gov.br/. Acesso em: 25 fev. 2024.

[4] Mapa das Organizações da Sociedade Civil. Idem

dos direitos sociais do art. 6º da Constituição Federal: saúde, educação e assistência social. As entidades beneficentes (EBAS) recebem tratamento tributário mais ampliado que as demais entidades: além da imunidade de impostos prevista no art. 150 da CF, as entidades certificadas com o CEBAS também são detentoras da imunidade das contribuições sociais previstas no art. 195, § 7º da Constituição.

Não fosse a imunidade, o valor anual que seria recolhido a título de contribuições sociais por estas organizações, considerado na rubrica "Gasto Tributário" pela Lei de Diretrizes Orçamentárias – LDO, projetado para o ano de 2023, supera R$ 13.000.000,000,00 (treze bilhões de reais), na seguinte ordem:

i) Assistência social, entidades sem fins lucrativos filantrópicas: R$ 2.233.430.8000, referente a 0,66% do gasto tributário projeto para o Brasil; ii) Educação – entidades filantrópicas: R$ 3.521.509.867, referente a 1,04% do total; iii) saúde – entidades filantrópicas: R$ 7.295.490.708, correspondente a 2,16% do total.[5]

Por óbvio, o presente estudo não tem a pretensão de dar as respostas a todas as inquietações sobre o tema, tais como, se é compensador ou não para a sociedade a concessão de benefícios fiscais considerando o impacto financeiro das desonerações ou gastos tributários gerais. Porém, busca demonstrar se o retorno social que as entidades beneficentes prestaram nas últimas décadas e prestam atualmente para a sociedade brasileira justificaria a manutenção da certificação e o consequente benefício do usufruto da imunidade.

O estudo é um desafio lançado sobre os atores sociais (Governo, sociedade civil e entidades) na procura de demonstrar de que maneira as atividades das entidades beneficentes proporcionam benefícios para o Estado brasileiro em termos do cumprimento do intento do Constituinte de 1988 de fomentar a promoção do desenvolvimento nacional, a erradicação da pobreza e a redução das desigualdades sociais por meio do

[5] BRASIL. **PLDO 2023**. Projeto de Lei do Congresso Nacional nº 5 de 2022. Anexo IV. Metas Fiscais IV. 10 – Renúncia de Receita Administrada pela RFB e Previdência. Ano: 2023. (Art. 4º, § 2º, inciso V, da Lei Complementar no 101, de 4 de maio de 2000). Disponível em: https://www.congressonacional.leg.br/materias/materias-orcamentarias/pldo-2023. Acesso em: 25 fev. 2024.

engajamento de toda a sociedade, concedendo, entre outras iniciativas, a imunidade de tributos.

O estudo busca sopesar, de maneira específica, se a nova lei complementar 187/2021 pode conter inconstitucionalidade ao prever contrapartidas financeiras das entidades beneficentes, como forma de compensar o que seria arrecadado com tributos.

O próprio tema O próprio tema: "Imunidade das Entidades Filantrópicas. Política indutora da concretização dos direitos social assegurada no § 7º do art. 195 da Constituição Federal" parece demonstrar a intencionalidade do Constituinte de 1988 de agregar aos deveres do Estado a total participação da sociedade civil na sedimentação dos pilares fincados para construção de uma sociedade livre, justa e solidária, como proclama o art. 3º, inciso I, da Carta Magna.

A Lei Complementar Nº 187, de 16 de dezembro de 2021 (DOU 17/12/21), dispõe sobre a certificação das entidades beneficentes e regula os procedimentos referentes à imunidade de contribuições à seguridade social de que trata o § 7º do art. 195 da Constituição Federal.

A nova lei promoveu alterações na Lei nº 5.172, de 25 de outubro de 1966 (Código Tributário Nacional), na Lei 9.532, de 10 de dezembro de 1997, além de revogar a Lei nº 12.101, de 27 de novembro de 2009, que tratava da certificação e isenção das filantrópicas, e revogou, ainda, dispositivos da Lei nº11.096, de 13 de janeiro de 2005 (Lei do Prouni), e da Lei 12.249, de 11 de junho de 2010.

Antes da nova lei, a certificação era tratada por lei ordinária (Lei 12.101/2009) e, antes dela, fora regulada por decretos (Decreto 752/1993 e 2.536/98), o que foi considerado inconstitucional pelo Supremo Tribunal Federal, com trânsito em julgado em maio de 2020 no julgamento conjunto das ações diretas de inconstitucionalidade (ADIs 2028, 2036, 2228 e 2621 e do RE 566.622). Para o STF, o veículo adequado para regular a imunidade tributária das entidades beneficentes é a lei complementar, conforme decisão nas ADIs referidas.

Com a edição da nova lei, finalmente, as entidades beneficentes de assistência social nas áreas de saúde, educação e assistência social *stricto sensu* passaram a ter garantida de forma mais robusta a imunidade das contribuições sociais previstas no art. 195, § 7º, da Constituição Federal, desde que cumpram numerosos requisitos formais e materiais previstos no novo marco legal para o usufruto da imunidade.

O objeto do estudo é analisar a imunidade tributária concedida para as entidades do Terceiro Setor no Brasil, em especial o nicho específico das "entidades beneficentes de assistência social", que além da imunidade de impostos, são detentoras da imunidade das contribuições sociais destinadas a financiar o sistema previdenciário nacional.

Uma das finalidades é verificar se a concessão de imunidades tributárias para as entidades do Terceiro Setor pelo Constituinte de 1988, em especial a imunidade das contribuições sociais para as chamadas "entidades beneficentes de assistência social", tem cumprido o papel do Estado promotor da justiça social. Por "justiça social" podemos compreender as alocuções "justiça distributiva" ou "justiça igualitária", ou ainda "justiça econômica", que são tratadas como sinônimo por Cleucio Santos Nunes, estudioso do tema.[6]

Como é admitido pelo princípio da complementaridade constitucional, o Estado, em razão das enormes demandas, deve garantir a participação da sociedade civil organizada no cumprimento de tarefas de interesse público. A função social do tributo e da imunidade ao tributo como forma de alcançar a justiça social no Estado liberal ou o estado de bem-estar social, tema nos quais debruçaram filósofos políticos, filósofos do direito e constitucionalistas como John Rawls, Ronald Dworkin, Jürgen Habermas, Bruce Ackerman, Friedrich A. Hayek, Norberto Bobbio, Hans Kelsen, e outros marcos teóricos, compõem o pano de fundo do presente estudo.

A Constituição Federal de 1988 adotou mecanismos constitucionais que garantem a participação das entidades do Terceiro Setor por meio de concessão de benefícios fiscais, para garantir os objetivos fundamentais da República Federativa do Brasil, dentre os quais o desenvolvimento nacional, a erradicação da pobreza, a redução das desigualdades sociais e regionais, entre outros, consagrados no grandioso art. 3º da CF:

Art. 3º Constituem objetivos fundamentais da República Federativa do Brasil:

[6] NUNES, Cleucio Santos. Justiça Tributária. – Belo Horizonte: Fórum, 2019. p. 422.

I – construir uma sociedade livre, justa e solidária;
II – garantir o desenvolvimento nacional;
III – erradicar a pobreza e a marginalização e reduzir as desigualdades sociais e regionais;
IV – promover o bem de todos, sem preconceitos de origem, raça, sexo, cor, idade e quaisquer outras formas de discriminação.

A fim de levantar hipóteses para a solução do problema, o trabalho busca verificar o papel e as atividades sociais desenvolvidas pelas chamadas entidades do Terceiro Setor, conhecidas atualmente no Brasil como OSC – Organizações da Sociedade Civil, terminologia adotada pela Lei 13.019/2014, já que está em desuso no Brasil o termo ONG – Organização Não Governamental.

CAPÍTULO 1.
TERCEIRO SETOR

1.1 Noções de terceiro setor

A expressão "Terceiro Setor", atualmente, vem sendo definida como o conjunto de organizações da sociedade civil que não fazem parte do Estado (primeiro setor) ou do Mercado (segundo setor), mas atuam na consecução de atividades de cunho eminentemente social.

José Eduardo Sabo Paes aponta que "até recentemente, a ordem sociopolítica compreendia apenas dois setores, o público e o privado, tradicionalmente bem distintos um do outro, tanto no que se refere às suas características, como à personalidade."[7]

Para o doutrinador, competia ao primeiro setor (público), representado pela figura do Estado, a tarefa exclusiva de delinear as políticas públicas que envolviam os cidadãos, além de fomentar a economia e regular a vida civil, enquanto ao setor privado, cabia as ações econômicas de produção e industrialização de caráter lucrativo.

A convivência entre o Estado e o Mercado, segundo o autor, com frequência difícil, começa a dar lugar ao Terceiro Setor por meio de "organizações privadas com adjetivos públicos, ocupando pelo menos uma posição intermediária que lhes permitam prestar serviços sociais sem as limitações do Estado, nem sempre inevitáveis, e as ambições do Mercado, muitas vezes inaceitáveis.".[8]

[7] Paes, José Eduardo Sabo. **Fundações, associações e entidades de interesse social: aspectos jurídicos, administrativos, contábeis, trabalhistas e tributários**. 11. ed. rev. e atual – Rio de Janeiro: Forense, 2021, p. 79.
[8] Paes, José Eduardo Sabo. op. cit., p.80.

1.2 Conceito de terceiro setor

Nas sociedades modernas, a ordem econômica e a ordem social[9] são compostas de atividades e responsabilidades que podem ser enquadradas em três setores principais: O primeiro setor, o Estado; o segundo setor, as empresas privadas; e o terceiro setor, as entidades da sociedade civil que realizam atividades de natureza social sem finalidade lucrativa em cooperação com o Estado e com as empresas privadas.

Para diferenciar o terceiro setor dos dois primeiros, antes é necessário entender o que ele não é. O terceiro setor não é atividade Estatal e não é atividade empresarial de Mercado, embora realize atividades que poderiam ser enquadradas como estatais e empresariais. O primeiro setor, o estatal, é formado por instituições governamentais da administração pública, que no Brasil são a União, os estados, o Distrito Federal, os territórios, os municípios, as autarquias, as associações e fundações e as demais entidades de caráter público criados por lei. O segundo setor é composto por instituições mercantis, as sociedades empresariais de comércio, indústria e serviços, com finalidade lucrativa, que produzem riquezas e estimulam o desenvolvimento da sociedade. O terceiro setor, no entanto, são pessoas jurídicas de direito privado com finalidade social e não lucrativa, que atuam no espaço intermediário entre as atividades privadas e as atividades do Estado, visando o bem-estar social.

No entanto, não há consenso entre os estudiosos sobre o conceito de terceiro setor, uma vez que envolve ampla complexidade, em face das inúmeras e múltiplas ações por ele desenvolvidas:

> "Conceituar de maneira categórica o terceiro setor não é tarefa simples, como a princípio se pensa. Sua história, composição e desenvolvimento ainda se encontram em formação, sujeitas a distorções, exatamente por força da multiplicidade de suas ações e da confusão relacionada às nomenclaturas e atores nele inseridas. Para compreendê-lo, necessário se faz diferenciá-lo, minimamente, do primeiro e segundo setores. Aquele é formado pela administração direta e indireta, cujo propósito é a administração pública. Já o segundo setor abrange o setor produtivo, onde se encontra o setor mercantil

[9] No Brasil, a Ordem Econômica está regulada nos arts. 170 a 183 da Constituição Federal de 1988 e a Ordem Social nos arts. 193 a 232.

de finalidade lucrativa. Por sua vez, o terceiro setor é formado por pessoas jurídicas sem fins lucrativos, cujo foco está centrado no social". [10]

Atualmente, nos países democráticos, podem ser identificadas numerosas entidades e organizações que ocupam espaço intermediário entre o Estado e o Mercado, e mobilizam volume colossal de recursos humanos, financeiros e materiais com o objetivo de implementar iniciativas para o desenvolvimento social, nas áreas de educação, saúde, assistência social, ambiental, cultural, entre outras, que afetam a sociedade como um todo.

Sabo Paes ensina que o Terceiro Setor é aquele que não é público nem privado, no sentido convencional desses termos; porém, guarda uma relação simbólica com ambos. Assim escreve o jurista:

> O Terceiro Setor é composto por organizações de natureza "privada" (sem objetivo de lucro) dedicadas à consecução de objetivos sociais ou públicos, embora não seja integrante do governo (Administração Estatal). Podemos, assim, conceituar o Terceiro Setor como o conjunto de organismos, organizações ou instituições sem fins lucrativos dotados de autonomia e administração própria que apresentam como função e objetivo principal atuar voluntariamente junto à sociedade civil visando o seu aperfeiçoamento".

A mesma dificuldade de conceituação é apresentada pelo sociólogo português Boaventura de Souza Santos:

> "Terceiro Sector" é uma designação residual e vaga com que se pretende dar conta de um vastíssimo conjunto de organizações sociais que não são nem estatais nem mercantis, ou seja, organizações sociais que, por um lado, sendo privadas, não visam fins lucrativos, e, por outro lado, sendo animadas por objectivos sociais públicos ou colectivos, não são estatais. Entre tais organizações podem mencionar-se cooperativas, associações mutualistas, associações de solidariedade social, organizações não governamentais, orga-

[10] Grazzioli, Airton. Paes, José Eduardo Sabo. Dos Santos, Marcelo Henrique. De França. José Antonio. **Organizações da Sociedade Civil. Associações, funcionamento e remuneração de dirigentes**. São Paulo: EDUC, 2016. p. 16.

nizações quasi-não governamentais, organizações de voluntariado, organizações comunitárias ou de base, etc. As designações vernáculas do terceiro sector variam de país para país e as variações, longe de serem meramente terminológicas, reflectem histórias e tradições diferentes, diferentes culturas e contextos políticos". [11]

Souza Santos sustenta que o Terceiro Setor, como conhecemos atualmente, desponta "na Europa no início do século XIX como alternativa ao Capitalismo, tendo raízes ideológicas heterógenas que vão do socialismo em suas múltiplas formas ao cristianismo social e ao liberalismo, visando novas formas de produção e de consumo".[12]

Para o sociólogo, o propósito inicial das organizações do Terceiro Setor era combater o isolamento do indivíduo face ao Estado e à organização capitalista da produção e da sociedade, buscando formas alternativas de produção, de consumo e de vida, por meio de ajuda mútua, cooperação, confiança e solidariedade.

1.3 A evolução do Estado e o protagonismo do indivíduo

Antes de analisar o atual desenvolvimento do Terceiro Setor, é necessário – sem a pretensão de mergulhar em profundidade histórica –, apresentar o desenrolar da evolução do aparelho estatal que culminou em grande parte nas democracias modernas.

A maioria dos autores no estudo da evolução histórica do Estado adota a classificação efetuada a partir dos traços característicos em cada estágio da civilização, como descrita por Queiroz Lima, resumida didaticamente por Sahid Maluf:[13]

I – O *Estado oriental*, teocrático e politeísta, destacando-se o antigo Estado de Israel descrito na Bíblia;

[11] Santos, Boaventura de Souza. "**A Reinvenção Solidária e Participativa do Estado**", p. 14 e 15. Disponível em: https://sinapse.gife.org.br/download/reinvencao-solidaria-e-participativa-estado. Acesso em: 27 out. 2022

[12] Santos, op. cit. p.15.

[13] Maluf, Sahid. **Teoria Geral do Estado**. 17. ed. rev. e atualizada pelo Prof. Miguel Alfredo Maluf Neto. São Paulo, ed. Sugestões Literárias, 1986. p. 108.

II – O *Estado grego*, que se caracterizava por uma nítida separação entre a religião e a política.
III – O *Estado romano*, expressão máxima da concentração política e econômica.
IV – O *Estado feudal*, consequente da invasão dos bárbaros, que foi a expressão máxima da descentralização política, administrativa e econômica.
V – O *Estado medieval*, a partir do século XI, que foi uma nova expressão da centralização do poder, com a proeminência do Papado sobre o governo temporal.
VI – O *Estado moderno*, que reagiu contra a descentralização feudal da idade média e contra o controle da Igreja Romana revestindo a forma do absolutismo monárquico.
VII – O *Estado liberal*, implantado pela revolução francesa e baseado no princípio da soberania nacional.
VIII – O *Estado social*, com a suas diversas variantes, a partir da primeira guerra mundial.

Não restam dúvidas entre os estudiosos que a substituição do Estado autocrático e absolutista pelo Estado Liberal seguido pelo Estado Social, dá lugar ao maior protagonismo dos agentes privados na realização e consecução de objetivos que interessam a toda a comunidade.

Jeferson Teodorovicz aponta que, na transição entre o século XVIII e o século XIX, o Estado Absolutista começa a perder espaço para o Estado Representativo ou Estado de Direito. E pontua:

> Naquele contexto histórico europeu, o Estado Absolutista (Estado de Polícia), já em sua segunda fase (impulsionado pelo iluminismo e pelo despotismo esclarecido) começa a perder espaço para o Estado Representativo ou Estado de Direito, na transição entre o século XVIII e o século XIX, influenciado pela Revolução Francesa e, naturalmente, pela Independência norte-americana, ambas sucedidas pelo constitucionalismo, a partir do qual ganha espaço gradativamente o Estado Liberal ou Burguês, no século XIX, sobretudo na França e Inglaterra.[14]

[14] Teodorovicz, Jeferson. **História Disciplinar do Direito Tributário Brasileiro** – Série Doutrina Tributária Vol. XXI. São Paulo. Quartier Latin, 2017. p. 59

Dalmo de Abreu Dallari acrescenta que o Estado Moderno nasceu absolutista e durante alguns séculos todos os defeitos e virtudes do monarca absoluto foram confundidos com as qualidades do Estado, resumindo que:

> Isso explica por que já no século XVIII o poder público era visto como inimigo da liberdade individual, e qualquer restrição ao individual em favor do coletivo era tida como ilegítima. Essa foi a raiz individualista do Estado Liberal. Ao mesmo tempo, a burguesia enriquecida, que já dispunha do poder econômico, preconizava a intervenção mínima do Estado na vida social, considerando a liberdade contratual um direito natural do indivíduo.[15]

Com o estabelecimento do chamado Estado de Direito, após os movimentos que colocaram o indivíduo como centro, resultado das Revoluções Inglesa, Americana e Francesa, não se põe em dúvida a existência de um Estado, no qual o poder emanava do povo. Antes do Estado de Direito, o Estado "fundava-se numa Constituição que se assentava, muitas vezes, em norma única: sempre aquela indicadora do titular do poder. Seu enunciado: "todo poder emana do Soberano" ou "emana da divindade de que o Soberano é representante".[16]

Com a emergência do Estado moderno – produto e expressão da primeira fase da revolução burguesa – "o poder passa a ser concebido, cada vez mais, como expressão de uma soberania autossuficiente, ao mesmo tempo em que se delineiam as primeiras formulações de uma concepção contratualista da sociedade".[17]

A partir da primeira guerra mundial é dada maior ênfase ao conjunto da sociedade, trazendo a questão social como imperativo das iniciativas do Estado. A proteção dos direitos sociais requer atuação estatal, de forma ativa, diferente da solicitada (ou não) durante o Estado Liberal,

[15] DALLARI, Dalmo de Abreu. **Elementos da teoria geral do estado**. 33. ed. São Paulo: Saraiva, 2016. p. 233.

[16] TEMER, Michel. **Elementos de Direito Constitucional**. 4. ed. São Paulo: ed. Revista dos Tribunais, 1987. p. 10.

[17] JAGUARIBE, Hélio. **Introdução ao desenvolvimento social**. São Paulo: Círculo do Livro. 1978, Ed. Paz e Terra S.A, p. 15.

produzindo tal organização dos serviços públicos, que teria sido a responsável pelo surgimento do Estado Social, conforme ensina Norberto Bobbio:

> Dessa inversão nasce o Estado moderno: primeiro liberal, no qual os indivíduos que reivindicam o poder soberano são apenas uma parte da sociedade; depois democrático, no qual são potencialmente todos a fazer tal reivindicação; e, finalmente, social, no qual os indivíduos, todos transformados em soberanos sem distinções de classe, reivindicam — além dos direitos de liberdade — também os direitos sociais, que são igualmente direitos do indivíduo (...). [18]

Paulo Bonavides ensina que "foi a soberania o grande princípio que inaugurou o Estado Moderno, impossível de constituir-se se lhe faltasse a sólida doutrina de um poder inabalável e inexpugnável, teorizado e concretizado na qualidade superlativa de autoridade central, unitária, monopolizadora de coerção."[19]

As colunas de sustentação do Estado Moderno, segundo Bonavides, foram fincadas no Estado da soberania ou do soberano, antes de ser Estado da Nação ou do povo, e demonstra que expressão "Estado", segundo versão mais aceita, foi cunhada por Maquiavel, que a introduziu nas primeiras linhas de sua célebre obra intitulada "O Príncipe".[20]

Pontua o jurista que o Estado Moderno é a conversão do Estado absoluto em Estado constitucional, em que o poder não reside em pessoas, mas nas leis:

> Verifica-se, portanto, que a premissa capital do Estado Moderno é a conversão do Estado absoluto em Estado constitucional; o poder já não é de pessoas, mas de leis. São as leis e não as personalidades, que governam o

[18] Bobbio, Norberto. **A era dos direitos**. Tradução Carlos Nelson Coutinho; apresentação de Celso Lafer. Nova Ed. 7. Impressão, Elsevier, Rio de Janeiro, 2004. p. 72.

[19] Bonavides, Paulo. **Teoria Geral do Estado**. 11 ed. rev. e aumentada. São Paulo: Malheiros Editores. 2018. p. 41.

[20] Bonavides, op. cit., p. 42.

ordenamento social e político. A legalidade é a máxima de valor supremo e se traduz com toda energia no Texto dos Códigos e das Constituições.[21]

Bonavides explana, de maneira didática, as três distintas modalidades essenciais do Estado constitucional desde sua inauguração até o tempo atual: "A primeira é o Estado constitucional de reparação de poderes (**Estado Liberal**), a segunda, o Estado constitucional dos direitos fundamentais (**Estado Social**), a terceira, o Estado constitucional da Democracia Participativa (**Estado Democrático Participativo**)".[22]

O Estado constitucional dos direitos fundamentais, sucessor do Estado liberal, traz preocupações distintas do primeiro, uma vez que "a liberdade é valor que já se tinha por adquirida e positivada nos ordenamentos constitucionais, ao passo que a justiça, como anseio e valor social superior, estava longe de alcançar o mesmo grau de inserção, positividade e concreção".[23]

Argumenta Bonavides:

> Na fase incipiente e rudimentar do Estado constitucional dos direitos fundamentais, que aparece com a presença inovadora e surpreendente dos direitos sociais, portanto, sob as vestes semânticas do chamado Estado Social em substituição ao Estado constitucional da Separação de Poderes, estão política e ideologicamente alcunhado de Estado Liberal, observa-se que os direitos fundamentais, posto que sejam, já, a base material constitutiva do Estado recém-levantado sobre as ruinas constitucionais dos ordenamentos liberais, nada acrescentaram ainda à sua dimensão subjetiva, que tanto caracterizam, nem tampouco os princípios de cuja natureza aqueles direitos viriam a participar depois, com o reconhecimento e proclamação adicional de sua objetividade. [24]

Bonavides conclui que o "Estado constitucional dos direitos fundamentais", ainda em sede de concretização, pertence ao futuro, mas os

[21] Bonavides, op. cit. p. 42.

[22] Bonavides, op. cit., p. 49.

[23] Bonavides, op. cit., p. 54.

[24] Bonavides, op. cit., p. 57 e 58.

rumos deste Estado já estariam traçados por muitos povos. "É o mais persuasivo salto de qualidade na evolução do Estado Moderno. É esperança e libertação. Se há futuro na Democracia, este futuro a ele pertence".[25]

1.4 Noções de sociedade civil

Sociedade civil, segundo Fernando Borges Mânica, "é um conceito histórico, cujo sentido foi originalmente utilizado por autores no final da Idade Média para explicar o surgimento do Estado." [26]

Mânica acentua que uma das grandes dicotomias do pensamento político moderno foi a separação entre Estado e sociedade civil, conforme o pensamento do filósofo alemão Georg Hegel:

> Desse modo, o conceito de sociedade civil passou a designar *a sociedade fora do Estado*, ou seja, a esfera das relações sociais distinta da esfera das relações políticas. Daí o Estado ter passado a ser entendido como *sociedade política*, sob forma de aparelho, máquina ou instituição, distinto da sociedade civil. Este é o conceito moderno de sociedade civil em *sentido negativo*: aquilo que não faz parte do Estado. (...)
> Recentemente, o conceito de sociedade civil ressurgiu com nova conotação, derivada, sobretudo, da consolidação da democracia nos países ocidentais. O reconhecimento dos direitos fundamentais fez com que a sociedade civil passasse a ser visualizada não mais sob a perspectiva dominante de disputa econômica, mas como palco de ação social. Nesse contexto, sociedade civil, em *sentido positivo* pode ser entendida como o espaço no qual uma série de atores, como indivíduos, empresas, organizações corporativas, entidades do *terceiro setor*, e mesmo grupo mafiosos e fundamentalistas, promovem disputas sociais, econômicas e ideológicas em torno de seus próprios valores." [27]

[25] BONAVIDES, op. cit. p. 58.

[26] MÂNICA, Fernando Borges. **Imunidade tributária das entidades beneficentes e o fim das certificações do Terceiro Setor no Brasil**. In: VALLE, Maurício Dalri Timm do. Valadão, Alexsander Roberto Alves. Dallazem, Dalton Luiz. **Ensaios em homenagem ao professor José Roberto Vieira**. Ao mestre e amigo, com carinho... (Coord.) 1. ed. São Paulo. Noeses, 2017, p. 502.

[27] MÂNICA, op. cit., p. 503 e 504.

Portanto, inicialmente, o conceito de sociedade civil, na tradição contratualista, correspondia ao conceito grego de sociedade política. Em seguida, em razão da influência hegeliana, a sociedade civil passa a ser entendida como separada do Estado. Fernando Mânica argumenta, ainda, que, no pensamento Marxista, a sociedade civil era vista como o conjunto de atores com meros interesses econômicos e capitalistas. Atualmente, no entanto, passou a abrigar o conjunto variado de atores que participam da defesa e consecução de diversos interesses, "muitos dos quais contrários aos interesses do aparato estatal. Nessa última noção, o terceiro setor corresponde a um dos diversos atores sociais que integram a sociedade civil." [28]

Friedrich A. Hayek, prêmio Nobel de Economia de 1974, pondera que todos os esforços de reforma social desde o século 19 até o fim da Segunda Guerra Mundial foram inspirados sobretudo pelos ideais do socialismo. Segundo Hayek, com o declínio do socialismo ocorre a ascensão do Estado-providência (*Welfare State*),[29] Não é simples encontrar a conceituação precisa entre os doutrinadores para o Estado de bem-estar social. A contrário do socialismo, cujo foco é a busca para o alcance da justiça social pela centralização das decisões econômicas, no Welfare State a sociedade é chamada a um papel de liderança na promoção de desenvolvimento econômico que resultaria no bem-estar de todos os cidadãos. Escreveu Hayek, na década de 1960:

> Ao contrário do socialismo, o conceito de Estado-providência (*Welfare State*), não tem um sentido preciso. O termo é comumente usado para descrever qualquer Estado que se "preocupa" de algum modo com problemas para lá da manutenção da lei e da ordem. No entanto, embora alguns teóricos tenham exigido que as atividades do governo se limitem à manutenção da lei e da ordem, essa posição não pode ser justificada pelo princípio da liberdade. Só as medidas coercitivas do governo devem ser estritamente limitadas. Já vimos que existe inegavelmente um vasto campo para as atividades não coercitivas do governo e que há uma necessidade clara de financiá-las por meio

[28] Mânica, op. cit., p. 504

[29] Hayek, F. A. **A Constituição da Liberdade.** Tradução de Pedro Elói Duarte. São Paulo: Ed. Avis Rara, 2022. p. 250.

> de impostos. (...) Todos os governos modernos tomam providências a favor dos indigentes, dos infelizes e dos deficientes, e se preocupam com questões de saúde e com a disseminação do conhecimento. Não há razões para que essas atividades de puro serviço não sejam ampliadas com o crescimento geral da riqueza. Há necessidades comuns que só podem ser satisfeitas pela ação coletiva e que podem ser providenciadas sem que se restrinja a liberdade individual. [30]

Haiek pontua que o conceito moderno de Estado-providência foi totalmente desenvolvido pelos acadêmicos alemães Sozialpolitiker, ou "socialistas de cátedra", a partir de 1870 e pela primeira vez posto em prática por Bismark. Na época em que Franklin D. Roosevelt seguiu os passos de Bismarck e Lloyd George, "o terreno já estava preparado nos Estados Unidos, e o uso dado desde 1937 pelo Supremo Tribunal pela cláusula "bem-estar geral" da Constituição conduziu naturalmente à adoção do termo "Welfare State" já em uso em outros países". [31]

1.5 A crise do Estado-providência e o terceiro setor

Boaventura de Souza Santos acentua que o desenvolvimento vertiginoso das organizações do Terceiro Setor nos países centrais e desenvolvidos do Norte global pode ser identificado a partir da década de 1970 em razão do que ele aponta como indicativo de crise do Estado-providência:

> A leitura neoliberal desta crise (do Estado-providência) apontou para a privatização maciça dos serviços sociais do Estado, na segurança social, na saúde, na educação, na habitação. E, para além destes, dos próprios serviços de segurança pública e prisionais. A eficiência do Mercado na gestão dos recursos foi considerada incontestável, em contraste com o funcionamento burocrático do Estado.[32]

[30] HAYEK, op. cit., p. 254

[31] HAYEK, Op. cit., p. 455

[32] SANTOS, Boaventura de Souza. **A Reinvenção Solidária e Participativa do Estado**, p. 22. Disponível em: https://sinapse.gife.org.br/download/reinvencao-solidaria-e-participativa-estado. Acesso em: 27 out. 2022.

Nos chamados países periféricos, Souza Santos atribui o crescimento do Terceiro Setor às agências internacionais e às organizações não governamentais oriundas dos países desenvolvidos do Norte, que passaram a canalizar seus fundos de ajuda para o desenvolvimento de atores sociais não estatais, com a finalidade de prover serviços que os Estados nunca tiveram condições de colocar à disposição de suas populações:

> O contexto político aqui (países periféricos) não é a crise do Estado-providência, a qual não existe, mas, antes, o objetivo de criar o mercado e a sociedade civil através do provimento de serviços básicos que o Estado não está, e muitas vezes nunca esteve, em condições de prestar. Entre 1975 e 1985, houve um aumento de 1400% de assistência ao desenvolvimento canalizada para as ONGs (Fowler, 1991:5). No Nepal as ONGs aumentaram de 220 em 1990 para 1210 em 1993, enquanto na Tunísia cresceram de 1886 em 1988, para 5.186 em 1991 (Hulme e Edwards, 1997:4). No Quênia, as ONGs controlam entre 30 a 40% das despesas de desenvolvimento e 40% das despesas de saúde (Ndegwa, 1994:23). Em Moçambique, os programas de emergência, a ajuda humanitária e outras atividades de desenvolvimento estão, em larguíssima medida, a cargo de ONGs transnacionais e agências internacionais que atuam em articulação com ONGs nacionais, as quais em 1996 eram em número de 164.[33]

Na atualidade, alguns autores chegam a identificar uma tríplice vertente do Estado: **liberal**, **social** e **pós-social**.[34] No que se convencionou vislumbrar como estado *pós-social*, verifica-se uma superação da sociedade da dependência estatal, passando o indivíduo a assumir o protagonismo de atividades até então exclusivas do Estado, o que não é consenso como veremos adiante.

No entanto, os cenários previstos em que a presença do Estado seria irrelevante e de pouca importância, não se comprova quando se estuda mais atentamente a história social das nações, como atesta Norberto Bobbio:

[33] SANTOS, op. cit., p. 25

[34] LENZA, Pedro. **Direito constitucional esquematizado.** 17 ed. rev., atual. e ampl. São Paulo: Saraiva. 2013. p. 1343.

> Agora sabemos com certeza algumas coisas: a) o desenvolvimento da sociedade industrial não diminuiu as funções do Estado, como acreditavam os liberais que juravam sobre a validade absoluta das leis da evolução, mas aumentou-as desmesuradamente; b) nos países onde ocorreu a revolução socialista, a ideia do desaparecimento do Estado foi por enquanto posta de lado; c) as ideias libertárias continuam a alimentar pequenos grupos de utopistas sociais, não se transformando num real movimento político. O enorme interesse suscitado nestes últimos anos pela obra de Max Weber depende também do fato de que ele, como bom conservador e como realista desencantado (como costumam ser os conservadores com inspiração religiosa), viu o avanço ameaçador mas inelutável, que se dá conjuntamente com o desenvolvimento da sociedade industrial (tivesse essa sido promovida por uma camada empresarial ou por uma classe de funcionários do Estado coletivista), da era do domínio dos aparelhos burocráticos; ou seja, não o enfraquecimento, mas o fortalecimento do Estado.[35]

Se revoluções do passado impactaram o modelo de Estado até então vigente, a chamada Quarta Revolução Industrial[36] está trazendo transformações até então impensadas. Klaus Schwab assim a descreve:

> A primeira revolução industrial ocorreu aproximadamente entre 1760 e 1840. Provocada pela construção das ferrovias e pela invenção da máquina a vapor, ela deu início à produção mecânica. A segunda revolução industrial, iniciada no final do século XIX, entrou no século XX e, pelo advento da eletricidade e da linha de montagem, possibilitou a produção em massa. A terceira revolução industrial começou na década de 1960. Ela costuma ser chamada de revolução digital ou do computador, pois foi impulsionada pelo desenvolvimento dos semicondutores, da computação em *mainframe* (década de 1960), da computação pessoal (década de 1970 e 1980) e da internet (década de 1990). Ciente das várias definições e argumentos acadêmicos utilizados para descrever as três principais revoluções industriais, acredito que hoje esta-

[35] BOBBIO, Norberto. **A era dos direitos**. Tradução Carlos Nelson Coutinho; apresentação de Celso Lafer. Nova Ed. 7. Impressão, Elsevier, Rio de Janeiro: 2004. p. 63 e 64.
[36] SCHWAB, Klaus. **A quarta revolução industrial**. Tradução Daniel Moreira Miranda. São Paulo: Edipro, 2016. p. 15/16.

> mos no início de uma quarta revolução industrial. Ela teve início na virada do século e baseia-se na revolução digital. É caracterizada por uma internet mais ubíqua e móvel, por sensores menores e mais poderosos, que se tornam mais baratos e pela inteligência artificial e aprendizagem automática (ou aprendizagem de máquina).

As tecnologias digitais, marca principal da quarta revolução industrial, estão causando rupturas e transformando a sociedade e a economia global de maneira mais ampla e mais rápida que as revoluções anteriores. Por outro lado, argumenta Schwab, a segunda revolução industrial (século XIX) "precisa ainda ser plenamente vivida por 17% da população mundial, pois quase 1,3 bilhão de pessoas ainda não têm acesso à eletricidade."[37]

Os Estados nacionais se encontram diante de desafios que devem ser vencidos com a participação da sociedade civil organizada. A população mundial, segundo dados da Organização das Nações Unidas, atingiu a marca de 8 bilhões de pessoas na data de 15 de novembro de 2022, tendo crescido 1 bilhão nos últimos 11 anos.[38]

Outro ponto crucial, o envelhecimento populacional, constitui parte dos desafios econômicos e sociais para as nações, uma vez que a população ativa está caindo ao mesmo tempo em que pessoas idosas se tornam dependentes. Schwab aponta que "a tendência geral é que um mundo em envelhecimento está destinado a crescer mais lentamente, a menos que a revolução da tecnologia acione um grande crescimento da produtividade".[39]

Em razão das transformações mencionadas, é possível identificar a megatendência do fortalecimento das organizações do Terceiro Setor tendo maior protagonismo na realização de políticas públicas que beneficiem os cidadãos, em parceria ou não com o Estado.

[37] SCHWAB, op. cit., p. 17.

[38] Organização das Nações Unidas. Disponível em: https://news.un.org/pt/story/2022/11/1805342. Acesso em 25 fev. 2024.

[39] SCHWAB, Klaus. **A quarta revolução industrial**. Tradução Daniel Moreira Miranda. São Paulo, Edipro, 201. p. 37.

1.6 Entidades do Terceiro Setor no Brasil

Desde o início da colonização no século XVI, é possível identificar entidades que hoje são enquadradas no Terceiro Setor presentes no território que séculos depois formaria o Estado brasileiro. As áreas de educação e saúde foram os principais focos de atuação das instituições diretamente ligadas à Igreja Católica, religião oficial do Reino de Portugal. O conceito atual de Estado não havia se consolidado no final do século XVI, quando da descoberta do Brasil. Naquele período, vigorava em Portugal uma total união entre a Igreja e o Estado "caracterizada pelo regime do Padroado pelo qual a Santa Sé outorgou à Coroa portuguesa certo grau de controle da Igreja Nacional", [40] que perdurou por dois séculos e meio após o descobrimento.

Pedro Alvares Cabral "veio acompanhado de nove padres do clero secular e oito franciscanos, liderados pelo Frei Henrique de Coimbra."[41] Em seguida, Cabral rumou com sua esquadra para as Índias e durante as três primeiras décadas, até a criação das capitanias hereditárias em 1534, a ação colonizadora de Portugal foi quase nula, cenário que muda após a chegada do Governador-geral Tomé de Sousa em 1549.

A partir de então, os religiosos da Companhia de Jesus começam a estabelecer os primeiros núcleos educacionais. O primeiro colégio dos jesuítas é fundado na Bahia em 1550; a segunda escola jesuíta é fundada em São Vicente, inaugurada em 2 de fevereiro de 1553; mesmo período que surgem outras escolas jesuítas em Vitória, no Espírito Santo; Olinda, Pernambuco, Rio de Janeiro, entre outras.[42]

Na área de saúde, as Santas Casas de Misericórdia, fundadas em Lisboa, Portugal, em 15 de agosto de 1498, por intervenção da Rainha D. Leonor e apoio do Rei D. Manuel I, com o passar do tempo foram estabelecidas em outras colônias portuguesas. No Brasil, são fundadas as Santas Casas de Santos (1543); Salvador (1549); Rio de Janeiro (1567);

[40] De Moura, Pe. Laércio Dias, SJ. **A educação católica no Brasil**. Passado, presente e futuro. ed. Loyola. São Paulo: 2000. p. 19.

[41] De Moura, op. cit., p. 20.

[42] De Moura, op. cit., p. 26, 27 e 28.

São Paulo (1599); João Pessoa (1602); Belém (1619); São Luis (1657); Campos (1792); Porto Alegre (1803), entre outras.[43]

Há que se reconhecer as raízes ideológicas da formação do Terceiro Setor no Brasil, com sua gênese na vertente do "cristianismo social", no dizer de Boaventura de Souza Santos.[44]

No período jesuítico, que vai do descobrimento até 1759, quando foram expulsos das colônias portuguesas, o ensino no Brasil se encontrava quase todo nas mãos dos padres da Companhia de Jesus, cujo sistema de organização escolar era o único existente no país.

> No momento de sua expulsão (1759), possuíam os jesuítas só no Reino, 24 colégios, além de 17 casas de residência, e na Colônia (Brasil), 25 residências, 36 missões e 15 colégios e seminários, sem contar os seminários menores e as escolas de ler e escrever instaladas em quase todas as aldeias e povoações onde existiam casas da Companhia. (A população do Brasil era de um milhão e meio de habitantes (a metade escrava).[45]

O decreto de expulsão dos padres jesuítas da colônia e o confisco de seus bens, resultou no fechamento de todos os colégios da Companhia de Jesus, e o Estado passa a controlar a gestão de escolas elementares e secundárias, em colaboração com outras ordens da igreja, como os beneditinos, carmelitas e franciscanos.[46]

Com a instalação da corte portuguesa no Brasil, em 1808, começa de fato a expansão da educação no Império. Dom João VI assina Carta Régia abrindo os portos brasileiros às nações amigas e autoriza a abertura de uma faculdade. Foi criado no dia 18 de fevereiro de 1808 o colégio médico

[43] Confederação das Misericórdias do Brasil – CMB. Disponível em: https://www.cmb.org.br/cmb/quem-somos/#historia. Acesso em: 25 fev. 2024.

[44] Santos, Boaventura de Souza. "A Reinvenção Solidária e Participativa do Estado", p. 17. Disponível em: https://sinapse.gife.org.br/download/reinvencao-solidaria-e-participativa-estado. Acesso em: 27 out. 2022.

[45] De Moura, Pe. Laércio Dias, SJ. **A educação católica no Brasil**. Passado, presente e futuro. ed. Loyola. São Paulo: 2000. p. 56.

[46] De Moura, op. cit., p. 64.

da Bahia, instalado no Real Hospital Militar, sediado no prédio que antes era o colégio dos jesuítas até 1759.[47]

Os dois primeiros cursos de ciências jurídicas e sociais são criados pela Lei de 11 de agosto de 1827. Os cursos foram instalados no Convento de São Francisco em São Paulo no dia 1º de março de 1828 e no Mosteiro de São Bento em Olinda, no dia 15 de maio de 1828.[48]

Após a independência do Brasil do Reino de Portugal em 1822, a união entre a Igreja Católica e o Estado permanece na Constituição promulgada em 24 de fevereiro de 1824, que determina no art. 5º. que *"A Religião Catholica Apostolica Romana continuará a ser Religião do Imperio. Todas as outras religiões serão permitidas com seu culto domestico, ou particular em casas para isso destinadas, sem fórma alguma exterior de Templo."* [49]

A partir da abertura dos portos em 1808 é notável a chegada de imigrantes de diferentes nacionalidades. Alguns anos mais tarde, as entidades beneficentes de auxílio mútuo passam a ser reguladas por meio da Lei nº 1.083, de 22 de agosto de 1860. Essa lei do Império era aplicável aos "monte-pios, às sociedades de socorros mútuos, às caixas econômicas, e toda e qualquer sociedade sem firma social, ainda que beneficente".[50] Cabia aos presidentes das províncias a faculdade de autorizar e aprovar os estatutos, de acordo com os regulamentos do Governo do Império.

Um exemplo de entidade que surgiu naquele período e atua até os dias de hoje, é a escola dos presbiterianos, fundada em 1870 em São Paulo na residência do casal norte-americano Chamberlain, o Reverendo George

[47] BRASIL. Biblioteca Digital Câmara dos Deputados. *Collecção das Leis do Brazil de 1808*. Decisão 2, de 18 de fevereiro de 1808. Disponível em: https://bd.camara.leg.br/bd/handle/bdcamara/18319. Acesso em: 20 jan. 2023.

[48] De Moura, op. cit., p. 82.

[49] Nogueira, Octaviano. **1824. Constituições Brasileiras**. Volume 1. 3. Ed. Brasília: Senado Federal, Coordenação de Edições Técnicas, 2015. p. 65.

[50] BRASIL. Lei. 1.083, de 22 de agosto de 1860, art. 2º, § 1º. **Contendo providencias sobre os Bancos de emissão, meio circulante e diversas Companhias e Sociedades**. Disponível em: https://www.planalto.gov.br/ccivil_03/leis/lim/lim1083.htm. Acesso em: 19 jan. 2023.

e sua esposa, a pedagoga Mary. A chamada Escola Americana se transforma em 1896 na Faculdade Presbiteriana Mackenzie de engenharia.[51]

Com a Proclamação da República em 1889, a religião católica deixa de ser oficialmente reconhecida como religião do Estado, o ensino passa a ser público e a instrução primária "gratuita a todos os cidadãos", nos termos do art. 179, XXXII da Constituição de 1824 e, no art. 179, inciso XXXIII, a Carta Magna outorgada garante a implantação de colégios e universidades.

O movimento é seguido pela fundação de instituições educacionais dos Batistas, Metodistas e Adventistas, com as primeiras escolas confessionais não católicas a oferecer ensino primário no Brasil. Um exemplo é a Escola Internacional, fundada pela Igreja Adventista do Sétimo Dia em Curitiba, Paraná, em 1º de julho de 1896, com oito matrículas saltando para 100 alunos matriculados em fevereiro de 1897.[52] Atualmente, a Educação Adventista é a segunda maior rede confessional filantrópica do Brasil, com 525 unidades escolares e 256 mil alunos, atrás apenas da Educação Católica.

Ainda nas primeiras décadas após a proclamação da República, a presença do Estado nas atividades de assistência social não era sentida, uma vez que por séculos havia sido centralizada nas instituições católicas, conforme descreve Maria Luiza Mestriner:

> Durante a Primeira República, o Estado não intervinha. Era um Estado fraco. O que existia na área de assistência era desenvolvido pela Igreja Católica, com quem o Estado republicano não se relacionava, por considerar que o social não era função pública.[53]

[51] Mackenzie. **Nossa História. 150 anos**. 1870-2020. Disponível em: https://www.mackenzie.br/memorias/150-anos/nossa-historia/arquivo/n/a/i/o-inicio-da-escola-americanao. Acesso em 19 jan. 2023.

[52] Floyd, Greenleaf. **Terra de Esperança**. O crescimento da igreja Adventista na América do Sul. Tradução Cecília Eller Nascimento, Tatui, SP: ed Casa Publicadora Brasileira, 2011. p. 56.

[53] Mestriner, Maria Luiza. **O Estado entre a filantropia e a assistência social**. 3. ed. São Paulo: Cortez, 2008. p. 67.

Com o passar dos anos, no entanto, a importância destas entidades começa a ser reconhecida pelo Estado. O Código Civil de 1916 (Lei Nº 3.071 de 1º de janeiro de 1916, atualmente revogado pela Lei Nº 10.406/2002), reconhece no ordenamento jurídico a existência das pessoas jurídicas de direito privado, e regula sua constituição, registro e forma de regência:

> Art. 16. São pessoas jurídicas de direito privado:
> I. As sociedades civis, religiosas, pias, morais, científicas ou literárias, as associações de utilidade pública e as fundações.
> (...)
> § 1º As sociedades mencionadas no n. I só se poderão constituir por escrito, lançado no registro geral (art. 20, § 2º), e reger-se-ão pelo disposto a seu respeito neste Código, Parte Especial.

Neste período, já é possível notar a entrada no Brasil de importantes grupos de imigrantes de diversas nacionalidades, em especial alemães, italianos, espanhóis, bem como japoneses, árabes, libaneses, sírios, ucranianos, poloneses, entre outros.

Com o processo imigratório intencional e até incentivado pelo Governo, começam a surgir importantes organizações que oferecem assistência aos necessitados, cooperativas, casas de saúde, estabelecimentos educacionais, inicialmente para atender esses grupos que buscam refúgio no país.

Conforme Maria Luíza Tucci Carneiro, após a primeira guerra mundial (1914-1918) a comunidade judaica começa a ganhar impulso no Brasil. São estabelecidas, somente no Estado de São Paulo, por exemplo, a Sociedade Beneficente das Damas Israelitas (1915/1916); a Sociedade Beneficente Auxílio aos Pobres EZRA (1916); A Sociedade Cemitério Israelita de São Paulo na Vila Mariana (1920), a Sociedade Cooperativa de Crédito do Bom Retiro (1928), a Confederação Israelita Paulista (1936), entre outras[54].

54 Carneiro, Maria Luiza Tucci. *In:* **Olhares de Liberdade.** CIP. Espaço de resistência e memória. Textos de Dr. Ruben Sternschein ...[etal.]; Maria Luiza Tucci Carneiro (org.). São Paulo: CIP, 2018. p. 67.

A década de 1930 testemunha o aumento da chegada ao Brasil de imigrantes europeus perseguidos pelas leis raciais, em especial da Alemanha e da Itália. Com o final da Segunda Guerra (1939-1945) "começou a entrar no Brasil um número expressivo de *Displaced Persons – DPs* (Descolados de Guerra).[55] Muitos eram sobreviventes do Holocausto que, sem opções para continuar na Europa, se deslocaram para diversas partes do mundo, inclusive para o Brasil. Estas comunidades de imigrantes de diferentes nacionalidades e credos estabeleceram no Brasil as bases sobre as quais estão sustentadas até o presente numerosas entidades do Terceiro Setor.

Atualmente, por exemplo, a rede educacional evangélica confessional congrega atualmente 911 escolas, colégios, faculdades e universidades confessionais e comunitárias no Brasil, com mais de 30 mil professores e colaboradores e mais de 630 mil estudantes, que fazem parte das associações nacionais de educação Luterana (AELBRA), Batista (ANEB), Presbiteriana (ANEP), Adventista (Anieasd), Evangélica (UniEvangélica), Conselho Geral de Educação Metodista (Cogeime), Comissão Nacional Presbiteriana de Educação (Conape), congregados na Associação Nacional de Instituições Educacionais Evangélicas (ABIEE)[56], sem contar outras escolas não associadas.

A rede católica de educação confessional, ligada à ANEC, contabiliza atualmente em 900 municípios brasileiros, 1.230 entidades mantidas com 356 mantenedoras que administram 901 escolas e colégios, 117 instituições de ensino superior, 110 mil empregados, com um milhão e meio

[55] O termo *Displaced Person – DPs* (Deslocados de Guerra), é usado para pessoas forçadas a deixar suas casas e a buscar refúgio, sendo usado primeiramente durante a Segunda Guerra Mundial, quando a maioria das vítimas de guerra, refugiados políticos e DPs do pós-guerra eram ucranianos, poloneses e outros povos eslavos, assim como cidadãos dos estados Bálticos (lituanos, letões e estonianos) que se recusavam a voltar para o Leste Europeu dominado pela União Soviética. Após a liberação dos campos de concentração, os Aliados preparam-se para repatriar os judeus deslocados de guerra aos seus lares, mas muitos deles recusaram-se ou temiam retornar, conforme explana Maria Luiza Tucci Carneiro. op. cit., p. 89.

[56] ASSOCIAÇÃO NACIONAL DE INSTITUIÇÕES EDUCACIONAIS EVANGÉLICAS. Disponível em: https://www.abiee.org.br/institucional. Acesso em: 25 fev. 2024.

de estudantes, além de 13 hospitais e 172 obras sociais,[57] sem mencionar as numerosas instituições beneficentes católicas não associadas.

O Brasil conta com seis hospitais entre os melhores do mundo, de acordo com levantamento publicado em março de 2023 pelo ranking *The World's Best Hospitals*, da revista norte-americana *Newsweek* em parceria com a empresa de dados *Statista Inc.*[58], sendo que cinco deles são entidades beneficentes de assistência social na área de saúde, certificados como "Hospitais de Excelência", que fazem parte do Programa de Apoio e Desenvolvimento Institucional do Sistema Único de Saúde (PROADI-SUS)[59], atualmente regulados pela Lei complementar nº 187, de 16 de dezembro de 2021. O sexto hospital é um hospital público parceiro do SUS.

A pesquisa da revista norte-americana aponta que o único hospital brasileiro a figurar entre os 50 melhores do mundo em 2023 pelo quarto ano consecutivo é um hospital beneficente, o Hospital Israelita Albert Einstein[60], mantido pela Sociedade Beneficente Israelita Brasileira, cuja pedra fundamental foi lançada em 1955 e a inauguração em 28 de setembro de 1971 na capital do Estado de São Paulo[61].

57 ASSOCIAÇÃO NACIONAL DE EDUCAÇÃO CATÓLICA DO BRASIL. Disponível em: https://anec.org.br/sobre/. Acesso em: 25 fev. 2024.

58 WALTENBERG, Guilherme. Einstein é o melhor hospital da América Latina, diz ranking. Poder 360, Brasília, 1 mar. 2023. Disponível em: https://www.poder360.com.br/brasil/pelo-4o-ano-einstein-e-o-melhor-hospital-do-continente-diz-ranking/. Acesso em: 25 fev. 2024.

59 O Brasil conta com 6 (seis) hospitais considerados legalmente como Hospitais de Excelência que fazem parte do PROADI-SUS: Beneficência Portuguesa de São Paulo; HCOR Associação Beneficente Síria; Hospital Alemão Oswaldo Cruz; Albert Einstein Sociedade Beneficente Israelita Brasileira; Hospital Moinhos de Vento; Hospital Sírio Libanês. Disponível em: http://hospitais.proadi-sus.org.br/. Acesso em 25 fev. 2024.

60 COOPER, Nancy. The World's Best Hospitals 2023. Global Hospital Rating by Newsweek & Statista. Disponível em: https://www.newsweek.com/rankings/worlds-best-hospitals-2023. Acesso em 25 fev. 2024. Nos anos de 2022 e 2023, o Hospital Israelita Albert Einstein figurou na 34ª. posição entre os melhores do mundo; em 2021 na 36ª e em 2020 na 38ª posição.

61 Conforme informações do site oficial do Hospital Israelita Albert Einstein. Disponível em: https://www.einstein.br/ensino/Paginas/historia.aspx. Acesso em: 25 fev. 2024.

Os hospitais classificados como de "Excelência", além das pesquisas e tecnologias em saúde que desenvolvem em parceria com o Estado brasileiro, realizam atendimento gratuito para comunidades carentes em unidades específicas para tal fim, e fazem parte dos mais de 2.000 hospitais sem fins lucrativos do país. Conforme dados consolidados pela CMB, extraídos do sistema de informação do SUS, em 2018 havia 2.172 hospitais sem fins lucrativos no Brasil, dos quais 1.704 atendem o SUS, com 193.550 leitos e 132.463 leitos SUS. Eles concedem 990.000 empregos diretos, sendo 86.474 enfermeiros, 290.993 técnicos e auxiliares de enfermagem (33% do total de profissionais no mercado). Os hospitais estão localizados em 1.731 municípios. Em 55,9% deles (967 municípios) os filantrópicos são a única unidade de Saúde.[62]

Como demonstrado, atualmente, parte importante e considerável das organizações da sociedade civil, em especial aquelas certificadas como beneficentes de assistência social, algumas estabelecidas há séculos, continuam em pleno funcionamento e formam o núcleo fundante do Terceiro Setor no País.

A regulamentação pelo Estado vai avançando, conforme o desenvolvimento da sociedade brasileira. A fim de realização de parcerias e subvenções a serem destinadas para estas entidades, é promulgada a Lei nº 91, de 1935, que dispunha sobre a declaração de utilidade pública federal, título concedido a entidades que "sirvam desinteressadamente à coletividade". Esta lei foi revogada pela Lei 13.204, de 2015. No mesmo ano de 1935 foi promulgada a Lei nº 119, que criou um Conselho para analisar os balanços e os relatórios de atividades das entidades a fim de certificar entidades que estariam aptas a obter subvenções governamentais para atividades de assistência social.

Em 1938 é criado o Conselho Nacional de Serviço Social – CNSS, pelo Decreto-Lei nº 525, de 1938. Era o início das parcerias entre a sociedade civil e o Estado para o atendimento da população sobretudo nas áreas de saúde e educação.

[62] CONFEDERAÇÃO DAS MISERICÓDIAS DO BRASIL. (CMB). Disponível em: https://www.cmb.org.br/cmb/index.php/institucional/quem-somos. Acesso em: 25 fev. 2024.

Atualmente, as organizações do Terceiro Setor estão em amplo desenvolvimento que, de acordo com Fernando Borges Mânica, podem ser encontradas ao menos duas razões: a reforma do aparelho do Estado e a conscientização da sociedade civil.

> As entidades componentes do terceiro setor tiveram sensível incremento em número e grau de importância, nos últimos anos, em face de dois fatores principais: (i) a reforma do aparelho de Estado brasileiro, e o consequente incentivo para atuação da sociedade civil na consecução dos chamados serviços públicos sociais; e (ii) a conscientização da sociedade civil de sua responsabilidade social em relação ao alcance dos objetivos traçados pela Constituição Federal.
>
> Não obstante, a regulação dessas entidades não acompanhou sua evolução. Tal deficiência normativa faz com que, de um lado seja deficitário o sistema de controle das entidades do terceiro setor, e de outro, seja insuficiente o incentivo oferecido a tais entidades. E a grande questão a ser solucionada é a definição de critérios claros de diferenciação entre aquelas entidades que efetivamente desenvolvem atividades de interesse social, e por isso merecem ser incentivadas, e aquelas que desenvolvem atividades em benefício próprio ou de um grupo restrito de indivíduos.[63]

No Brasil, a Constituição Federal de 1988 é estabelecida segundo princípios do Estado Social e privilegia a participação da sociedade civil para o alcance e concretização dos direitos sociais.

Na época da elaboração da Constituição de 1988, que durou 20 meses – de 1º de fevereiro de 1987 a 5 de outubro de 1988 –, conforme se infere dos escritos da professora Gisele Cittadino, algumas grandes forças filosóficas se destacaram nos debates, dentre as quais os "liberais", os "comunitaristas" e os "crítico-deliberativos", que demarcaram as discussões dos Constituintes brasileiros para a formulação das novas bases do Estado, que no período ficou conhecido como "Nova República":

[63] Mânica, Fernando Borges. **Terceiro setor e imunidade tributária**: teoria e prática. 1. reimpr. Belo Horizonte: Fórum, 2008. p. 18 e 19.

> Desde as primeiras críticas à teoria de justiça de Rawls, passando pelas reformulações propostas pelos liberais na segunda metade dos anos 80 até o início dos anos 90 e o ingresso de Habermas no debate, liberais, comunitários e críticos deliberativos enfrentam a tarefa de formular o ideal de justiça compatível com o pluralismo do mundo contemporâneo." [64]

Segundo Cittadino, na formulação da Carta Constitucional, pode se notar importante protagonismo dos "*comunitaristas*". Naquele período em que o País experimentava o processo resultante da abertura política e a reordenação jurídico-institucional, os Constituintes se depararam com as inúmeras demandas apresentadas pela sociedade, analisaram milhares de levantamentos estatísticos, que escancaravam o enorme desafio que se desdobrava perante a nação.

O objetivo que se destacou foi o de criar estruturas para promover a erradicação da pobreza, do analfabetismo, da enorme desigualdade social e o desafio de estabelecer um estado democrático de direito para assegurar "o desenvolvimento, a igualdade e a justiça como valores supremos de uma sociedade fraterna, pluralista e sem preconceitos", como restou imortalizada no Preâmbulo da nova Carta.

Era impossível ficar inerte perante a avalanche de petições assinadas por milhões de cidadãos reclamando dos baixos índices de pessoas com acesso à saúde e educação, da falta de moradia digna e saneamento básico; dos altos índices de evasão escolar, de mortalidade infantil, entre outros.

Apesar das diferentes visões entre as forças identificadas, Gisele Cittadino concluiu que as três correntes, em maior ou menor grau, deixaram a sua marca na Carta Constitucional, com grande contribuição na formulação de um ideal de justiça distributiva compatível com o pluralismo do mundo moderno.

Cleucio Santos Nunes, na recente obra "Justiça Tributária", se debruça sobre os objetivos da república, e a razão dos constituintes terem efetuado as diversas decisões sobre políticas públicas a serem fomentadas. Para ele, a matriz tributária eleita na Constituição Federal é fundamental para se alcançar tais objetivos:

[64] CITTADINO, Gisele. **Pluralismo, Direito e Justiça Distributiva: Elementos de Filosofia Constitucional Contemporânea**. 5 ed, – Andradina: Meraki, 2020, p. 21.

> "O Brasil é um país reconhecidamente injusto (no sentido vulgar do termo) por amargar índices desonrosos e até cruéis de desigualdade social e de inescrupulosa concentração de renda. (...). Elegemos quatro direitos básicos sem os quais a liberdade de qualquer pessoa ficará comprometida no tempo presente ou em suas expectativas de futuro, a saber, os direitos: a) à vida e à saúde em condições dignas; b) à segurança alimentar; c) à educação de qualidade; d) ao desenvolvimento da intimidade em um lar digno (moradia). Se o mercado não for capaz de garantir que a pessoa, por meios próprios, obtenha direitos básicos, é função do Estado Democrático de Direito engendrar as formas de sua promoção por intermédio de políticas públicas. A matriz tributária será forte aliada de tais políticas..." [65]

Nesse panorama, o Constituinte, entre diversas iniciativas, lança as bases do fortalecimento das entidades do Terceiro Setor para a atuação em parceria, harmonia e em complementação ao Estado, com a finalidade de cumprir, fomentar e incentivar o desenvolvimento de áreas fundamentais como saúde, educação e assistência social, visando a erradicação da miséria e o desenvolvimento social.

Dentre as inúmeras iniciativas de fomento, a Constituição sacraliza a imunidade tributária das entidades sem fins lucrativos, elevando ao patamar constitucional os benefícios já existentes no ordenamento jurídico pátrio, nas constituições anteriores, bem como firmada no Código Tributário Nacional de 1965 (Lei Nº 5.172, de 25 de outubro de 1966).

A imunidade tributária das entidades sem fins lucrativos será objeto de análise mais detalhada em capítulo próprio adiante, no entanto, fica claro que, na Constituição Federal de 1988, as instituições sem fins lucrativos foram robustecidas com as garantias constitucionais de vedação da imposição de tributos pelo Estado, a fim de ampliar, melhorar, e possibilitar o amplo acesso aos serviços nas áreas de saúde, educação, assistência social, realizando tarefas em complementação aos serviços prestados pelo Estado.

[65] NUNES, Cleucio Santos. **Justiça Tributária**. Belo Horizonte. Fórum, 2019, p. 342 e 412

1.7 Números de Organizações da Sociedade Civil no Brasil

Dados do Mapa das Organizações da Sociedade Civil (MOSC) apontam a existência de 815.676 entidades sem fins lucrativos no Brasil em 2020.[66]

O Mapa das OSC é uma plataforma virtual de transparência pública colaborativa criado pelo Decreto 8.726/2016 regulamentador da Lei 13.019/2014, que trata do regime jurídico das parcerias entre a administração pública e as organizações da sociedade civil. A plataforma é alimentada e gerida pelo Instituto de Pesquisa Econômica Aplicada (IPEA) e congrega dados oficiais, provenientes de fontes públicas e privadas, atualizada de forma colaborativa pelas OSCs e pelos entes federados.

Segundo estudos desenvolvidos pelas pesquisadoras Janine Mello e Ana Camila Ribeiro Pereira, com base nos dados contidos no Mapa das OSCs a partir do Cadastro Nacional de Pessoas Jurídicas (CNPJ), disponibilizado pela Secretaria da Receita Federal do Brasil (RFB), a pesquisa apontou que foram criadas mais de (1.000.000) um milhão de entidades privadas, sem fins lucrativos, com atuação na defesa de direitos nos mais distintos temas envolvendo políticas públicas, no período de 1901 a 2020, distribuídas em todo o território nacional.[67]

O estudo inédito analisou dados do período de 120 anos acima citado, e demonstra que a partir dos anos 1960 o processo de formalização das entidades é significativo:

> Do total de mais de um milhão de organizações da sociedade civil (OSCs), também conhecidas como ONGs, que foram criadas no país entre 1901 e 2020, **99% foram formalizadas após os anos 1960**. O perfil majoritário entre as OSCs é composto por associações privadas (85%), sediadas na região Sudeste (40%), com tempo médio de atividade de 17,6 anos, voltadas para as áreas de Desenvolvimento e defesa de direitos e interesses (40%) e Religião (24,6%). Já em relação aos fechamentos das OSCs, observa-se que cerca de um terço das organizações criadas tiveram suas atividades encerradas nesse

[66] MAPA DAS OSCs. Disponível em: https://mapaosc.ipea.gov.br/mapa. Acesso em: 25 fev. 2024.

[67] MELLO, Janine. PEREIRA, Ana Camila Ribeiro. **Dinâmica do terceiro setor no Brasil**: Trajetórias de criação e fechamento de organizações da sociedade civil (OSCS) de 1901 a 2020. Texto para discussão. Rio de Janeiro: ed. Instituto de Pesquisa Avançada.

mesmo período, sobretudo após os anos 2000 (92,8%). Esses dados fazem parte de um estudo realizado pela Diretoria de Estudos e Políticas do Estado, das Instituições e da Democracia (Diest/Ipea). A pesquisa investigou dados das OSCs criadas nos últimos 120 anos para analisar os principais aspectos que marcaram a trajetória de abertura e fechamento das organizações nesse período no Brasil. [68]

Os resultados expostos demonstram o dinamismo do Terceiro Setor sobretudo após a Segunda Guerra Mundial, os reflexos das mudanças na sociedade brasileira que resultaram na redemocratização do País e na Constituição Federal de 1988. Pouco mais de uma década após a promulgação da Constituição, a Lei nº 9.790, de 23 de março de 1999, estabeleceu a qualificação de pessoas jurídicas de direito privado, sem fins lucrativos, como Organizações da Sociedade Civil de Interesse Público (OSCIP), que institui e disciplina o Termo de Parceria. A partir de então, todas as iniciativas legislativas demonstram o objetivo do Estado em fomentar um maior protagonismo da sociedade civil no desenvolvimento nacional, com vistas à concretização dos direitos sociais.

1.8 Conclusão parcial

Atualmente, a Lei nº 13.019/2014, conhecida como Marco Regulatório das Organizações da Sociedade Civil, regulamentou os termos de colaboração, termos de fomento e os acordos de cooperação que devem ser firmados entre a administração públicas nas três esferas e as organizações sem fins lucrativos, para a consecução de finalidades de interesse público e recíproco.

Como demonstrado, os registros mais recentes geridos pelo IPEA – Instituto de Pesquisa Econômica Aplicada, apontam em 2020 o número de 815.676 organizações da sociedade civil[69] atualmente em funcionamento no Brasil.

[68] MAPA DAS OSCs. Disponível em: https://mapaosc.ipea.gov.br/post/155/fique-por-dentro-edicao-de-setembro-outubro-de-2022. Acesso em: 25 fev. 2024.

[69] MAPA DAS OSCs. Disponível em: https://mapaosc.ipea.gov.br/. Acesso em: 25 fev. 2024.

No conjunto das mais de 800 mil entidades sem fins lucrativos, encontram-se as chamadas "entidades beneficentes de assistência social", certificadas com o CEBAS – Certificado de Entidade Beneficente de Assistência Social, totalizando 10.303 organizações em 2020, sendo 6.150 certificadas pelo Ministério da Cidadania (CEBAS/MDS), 1.668 certificadas pelo Ministério da Educação (CEBAS/MEC) e 2.485 pelo Ministério da Saúde (CEBAS/SAÚDE)[70], que é o objeto do presente estudo, uma vez que usufruem a imunidade das contribuições sociais previstas no art. 195, § 7º da constituição federal, que será analisada nos capítulos seguintes.

[70] Mapa das Organizações da Sociedade Civil. *Id.*

CAPÍTULO 2.
A IMUNIDADE TRIBUTÁRIA

2.1 Limitações ao poder de tributar

A Seção II do Título VI da Constituição Federal é intitulada *Das Limitações do Poder de Tributar*. São apenas três artigos: 150, 151 e 152. No entanto, as limitações do poder de tributar, ou ao poder de tributar, como preferem alguns doutrinadores, não estão constitucionalizadas e não se exaurem apenas neste micro compartimento constitucional.

Segundo Regina Helena Costa "a expressão *limitações constitucionais ao poder de tributar* é abrangente do conjunto de princípios e demais normas disciplinadoras da *definição* e *do exercício da competência tributária*." [71]

As limitações à competência tributária, de acordo com Costa, "são traduzidas, essencialmente, na *repartição de competências tributárias*, bem como na indicação de *princípios e imunidades*." [72]

Não restam dúvidas entre os doutrinadores que a repartição de competências tributárias entre as pessoas políticas constitui autêntica limitação, uma vez que a Constituição Federal, ao definir quais entes federativos estão aptos a instituir tributos, em caráter privativo, exclui os demais entes da mesma competência. Quando a Constituição atribui à União a competência de instituir impostos sobre a renda e proventos de qualquer natureza, está afastando, de maneira implícita, os Estados, o Distrito Federal e os Municípios da possibilidade de instituir o tributo específico.

[71] COSTA, Regina Helena. **Curso de Direito Tributário**: Constituição e Código Tributário Nacional. 12. ed. São Paulo: SaraivaJur, 2022, p. 88.
[72] COSTA, op. cit., p. 88.

Os princípios constitucionais tributários da legalidade, anterioridade, irretroatividade, igualdade, capacidade contributiva e vedação ao confisco também são verdadeiras limitações ao poder de tributar, pois instituem a maneira e os limites de como deve ser exercida a competência tributária.

Regina Helena Costa pontua que as imunidades representam vedações à competência tributária, apresentando situações em que não é possível a instituição de tributos, e identifica verdadeira aproximação das imunidades e dos princípios constitucionais tributários.[73]

Paulo de Barros Carvalho alarga a compreensão sobre a imunidade ao discorrer sobre as assertivas utilizadas no enunciado corrente na doutrina, a partir de algumas premissas, tais como aquela que afirma ser a imunidade uma limitação às competências tributárias, desta forma:

> A imunidade é uma limitação constitucional às competências tributárias. O raciocínio não procede. Inexiste cronologia que justifique a outorga de prerrogativas de inovar a ordem jurídica, pelo exercício de competências tributárias definidas pelo legislador constitucional, para, em momento subsequente, ser mutilada ou limitada pelo recurso da imunidade. Aliás, a regra que imuniza é uma das múltiplas formas de demarcação de competência. Congrega-se às demais para produzir o campo dentro do qual as pessoas políticas haverão de operar, legislando sobre matéria tributária. Ora, o que limita a competência vem em sentido contrário a ela, buscando amputá-la ou suprimi-la, enquanto a norma que firma a hipótese de imunidade colabora no desenho constitucional da faixa de competência adjudicada às entidades tributantes.[74]

No entanto, Carvalho pondera que "é curioso refletir que toda atribuição de competência, ainda que versada em termos positivos e categóricos, importa uma limitação."[75] Para o jurista, uma vez que o constituinte

[73] Costa, op. cit., p. 88, 89.

[74] Carvalho, Paulo de Barros. **Curso de direito tributário**. 24. ed. São Paulo: Saraiva, 2012, p. 223/224.

[75] Carvalho, Paulo de Barros. Idem. p. 224.

estabeleceu a limitação, a matéria está finalizada, cabendo ao legislador infraconstitucional apenas efetuar a regulamentação, assim:

> Entre os assuntos tratados pelo Texto Maior está o da competência legislativa tributária. Uma vez cristalizada a limitação do poder legiferante, pelo seu legítimo agente (o constituinte), a matéria se dá por pronta e acabada, devendo o legislador infraconstitucional regulá-la nos exatos termos constitucionalmente prescritos.[76]

É verdade que as imunidades não podem ser apenas definidas por um de seus efeitos: o de limitar o poder de tributar, como defende Diva Malerbi:

> Toda outorga de competência traduz, ao mesmo tempo, uma autorização e uma limitação: uma autorização para o desempenho de funções compreendidas na outorga e uma limitação contida pela circunscrição dessas funções e, consequentemente, a exclusão das demais funções não compreendidas na própria outorga. Com isso se quer dizer que de toda norma autorizativa do exercício do poder tributário decorrem limites, que não consistem, tecnicamente, imunidades.[77]

Por sua vez, Regina Helena Costa, argumenta que são os **princípios** que orientam o válido exercício da competência tributária, enquanto as imunidades demarcam a amplitude das normas atributivas de competência. As imunidades possuem, dentre seus fundamentos, valores e princípios constitucionalmente prestigiados, enquanto os princípios não se confundem com as imunidades, e registra:

> Sabemos que os *princípios jurídicos* são normas fundantes de um sistema, tipificados pelo *forte conteúdo axiológico* e pelo *alto grau de generalidade e abstração,*

[76] CARVALHO, Paulo de Barros. **Derivação e positivação no direito tributário**. vol. 1. São Paulo: ed. Noeses, 2011, p. 171/172.

[77] MALERBI, Diva. **Imunidade Tributária**. *In* Imunidades Tributárias. MARTINS. Ives Gandra da Silva (coord.). **Imunidades Tributárias,** São Paulo: Ed. RT/Centro de Extensão Universitária, Pesquisas Tributárias, Nova Série, n. 4, 1998, p. 69.

> ensejadores do amplo alcance de seus efeitos, que cumprem o papel fundamental de *orientar a interpretação e a aplicação de outras normas.*
>
> Já as *imunidades* são normas aplicáveis a *situações específicas,* perfeitamente identificadas na Lei Maior. Nesse aspecto, pois, reside a primeira distinção entre os princípios e as imunidades. À generalidade e à abstração ínsitas aos princípios contrapõe-se a especificidade das normas imunizantes.
>
> Em segundo lugar, verifica-se que, enquanto as imunidades *denegam a própria competência,* vedando a sua atribuição em relação a certas hipóteses, os princípios orientam o *adequado exercício da competência tributária.* Os princípios tributários pressupõem, assim, a existência de competência tributária; as imunidades, por seu turno, pressupõem a *inexistência* dessa competência".[78]

A jurista pontua que os **princípios jurídicos** "são normas de maior hierarquia, autênticas sobrenormas que orientam a interpretação e a aplicação das demais normas, sinalizando seu alcance e sentido"[79], e as imunidades, igualmente, possuem valores e princípios constitucionais de superior relevância.

Regina Helena Costa, na obra citada no parágrafo anterior, elenca os *princípios gerais* que possuem repercussão no Direito Tributário, dentre os quais estão: 1) segurança jurídica; 2) dignidade da pessoa humana; 3) isonomia; 4) legalidade; 5) princípio republicano; 6) princípio federativo e da autonomia municipal; 7) princípio federativo e da autonomia municipal; 8) moralidade; 9) supremacia do interesse público sobre o particular; 10) função social da propriedade.

Além desses princípios gerais, que – segundo a autora –, não formam um rol taxativo, há princípios específicos que são desdobramentos de dois princípios gerais: legalidade e isonomia. São eles: 1) legalidade tributária; 2) anterioridade da lei tributária: genérica, especial e nonagesimal; 3) irretroatividade da lei tributária; 4) praticabilidade tributária; 5) não obstância do exercício de direitos fundamentais por via de tributação; 6) generalidade da tributação; 7) capacidade contributiva; 8) solidariedade contributiva; 9) vedação da utilização de tributo com efeito de confisco; 10) não limitação ao tráfego de pessoas e bens; 11) uniformidade geo-

[78] Costa. Regina Helena, idem, p. 89.

[79] Costa. Regina Helena, idem, p. 90.

gráfica, vedação da tributação diferenciada de renda das obrigações da dívida pública e da remuneração dos servidores e vedação à isenção heterônoma; 12) não diferenciação tributária entre bens e serviços em razão de sua procedência ou destino.

Portanto, os princípios que regem a imunidade tributária, igualmente, são princípios constitucionais de relevância indiscutível. A imunidade é norma que estabelece a incompetência, porém, não é simples a sua conceituação.

Na dicção de José Souto Maior Borges, "no poder de tributar se contém o poder de eximir, como o verso e o reverso de uma medalha".[80] Em virtude do princípio da supremacia da Constituição, as imunidades tributárias se apoiam em normas e princípios constitucionais que autorizam e delimitam o exercício da competência tributária pelo legislador ordinário.

É certo que as imunidades não podem ser apenas definidas por um dos seus efeitos, que é o de limitar o poder de tributar.

O poder de tributar é próprio da soberania em que está investido o Estado. A Constituição Federal, como o próprio nome diz, define o Brasil como Federação e como consequência do Estado Federal é determinada a repartição de competências entre os quatro tipos de pessoas com capacidade política: União, Estados, Distrito Federal e Municípios. Estas não exercem poder, apenas fatias de poder, denominadas competências. Enquanto a competência tributária concede a autorização para instituir tributos, a imunidade proíbe a edição de leis, retirando da tributação certas pessoas, bens ou fatos.

2.2 Conceito de imunidade tributária

As imunidades foram estabelecidas pelo Constituinte de 1988 em razão dos ideais de preservação de valores religiosos, educacionais, políticos, sociais, econômicos e culturais, entre outros, que foram considerados essenciais para a concretização dos direitos sociais fundamentais para a nação brasileira. As normas imunizantes buscam resguardar o equilíbrio federativo, a liberdade religiosa, de associação, do livre pensamento, a

[80] BORGES, José Souto Maior. **Teoria da Isenção Tributária**. 3. ed. 3. tiragem. São Paulo: Malheiros, 2011. p. 30.

liberdade política e de expressão, entre outras. As imunidades não foram consideradas pelo Constituinte como um benefício, um favor fiscal, uma renúncia à competência tributária ou privilégio, mas são um resguardo e uma forma de garantir os valores da sociedade e do indivíduo.

"A imunidade é o mais relevante dos institutos desonerativos",[81] porém, conceituá-la precisamente não é tarefa simples, havendo diversas nuances e inúmeros pontos de vista entre os estudiosos.

Leciona Paulo de Barros Carvalho que "O estudo científico das imunidades jurídico-tributárias não encontrou ainda uma elaboração teórica metodologicamente adequada ao conhecimento de sua fenomenologia.".[82] O professor ressalta, ainda, que um estudo aprofundado da doutrina revelará que muitos conceitos estão firmados em abundantes colocações de índole econômica, sociológica, ética, histórica e, na maioria das vezes, de cunho político. Ainda assim, reina certo equilíbrio de conceito num tema que, segundo ele, "teria tudo para provocar as mais acesas discussões acadêmicas".[83]

Alguns defendem que "a imunidade tributária é a vedação constitucional ao poder de tributar, uma vez que há a supressão à competência impositiva", como pontua Marilene Talarico Martins Rodrigues.[84] Em razão da norma constitucional, segundo a autora, o legislador se torna impedido de tributar certas pessoas, coisas ou atividades.

Os tributos são criados conforme competência tributária concedida pela Constituição Federal à União, aos Estados, ao Distrito Federal e aos Municípios. Porém, a competência conferida constitucionalmente não é ilimitada:

[81] MARTINS. Ives Gandra da Silva (coord.). **Imunidades Tributárias,** São Paulo: Ed. RT/ Centro de Extensão Universitária, Pesquisas Tributárias, Nova Série, n. 4, 1998, p. 32.

[82] CARVALHO. Paulo de Barros. **Direito Tributário. Linguagem e método**. 5ª. ed. São Paulo: Noeses, 2013. p. 335.

[83] CARVALHO. Paulo de Barros. op. cit., p. 336.

[84] RODRIGUES. Marilene Talarico Martins. **As imunidades das Instituições Religiosas** (Templos e Instituições de Assistência Social. In: CARVALHO. Paulo de Barros. MARTINS. Ives Gandra da Silva (coords.). **Imunidades das Instituições Religiosas**. São Paulo: Noeses, 2015, p. 46.

"Esta outorga de competência não é uma outorga *sem limites*, pois além de demarcar as áreas de cada ente político, a Constituição também fixa os balizamentos que resguardam valores considerados importantes pelo Constituinte, com especial atenção para os direitos e garantias constitucionais".[85]

Paulo de Barros Carvalho conceitua a imunidade tributária da seguinte forma:

As manifestações normativas que exprimem as imunidades tributárias se incluem no subdomínio das sobrenormas, metaproposições prescritivas que colaboram, positiva ou negativamente, para traçar a área de competência das pessoas titulares de poder político, mencionando-lhes os limites materiais e formais da atividade legiferante. (...) Recortamos o conceito de imunidade tributária, única e exclusivamente, com o auxílio de elementos jurídicos substanciais à sua natureza, pelo que podemos exibi-la como a *classe finita e imediatamente determinável de normas jurídicas, contidas no texto da Constituição Federal, e que estabelecem, de modo expresso, a competência das pessoas políticas de direito constitucional interno para expedir regras instituidoras de tributos que alcancem situações específicas e suficientemente caracterizadas.*[86] (Grifo do original.)

Como "classe finita e imediatamente determinável" de normas jurídicas, Paulo de Barros Carvalho demonstra que "as imunidades tributárias são somente aquelas explicitadas na Carta Magna, compondo um grupo de elementos que, a qualquer momento, pode ser determinado nas suas várias unidades."[87]

Para Aliomar Baleeiro, a imunidade é norma que estabelece incompetência:

"O que é imunidade? É norma que estabelece a incompetência. Ora, estabelecer a incompetência é negar competência ou denegar poder de instituir tributos, conjunto de normas que só adquire sentido em contraste com outro

[85] RODRIGUES. Marilene Talarico Martins. op. cit., p. 46/47.

[86] CARVALHO, Paulo de Barros. **Curso de direito tributário.** 24. ed. São Paulo: Saraiva, 2012, p. 236.

[87] CARVALHO, Paulo de Barros. Idem. p. 236 e 237.

conjunto que atribuiu ou concede poder tributário. Conjunto só inteligível, se logicamente se pressupõe um outro conjunto, por ele reduzido ou delimitado: o das normas atributivas de poder.[88]

Sobre a teleologia do instituto, Ives Gandra da Silva Martins pontua que "a imunidade, nas hipóteses constitucionais, constituiu o instrumento que o constituinte considerou fundamental para, de um lado, manter a democracia, a liberdade de expressão e ação dos cidadãos e, por outro lado, atrair os cidadãos a colaborarem com o Estado, nas suas atividades essenciais".[89]

A imunidade abrange não somente os impostos. A ideia de que a imunidade é aplicável tão somente aos tributos não-vinculados (impostos), ao argumento de que esses tributos são concebidos para o atendimento das despesas gerais do Estado, ao passo que as taxas e a contribuição de melhoria são uma prestação direta, imediata e pessoal ao interessado e, por esta razão, não comportariam a imunidade, não pode ser considerada correta diante do direito vigente, conforme observa Paulo de Barros Carvalho: "Nada mais infundado! A redução é descabida, transparecendo como o produto do exame meramente literal (e apressado) ou como o resultado de considerações metajurídicas que não se prendem ao contexto do direito positivo que vige".[90]

Em razão de estar envolvida pela força constitucional, sua interpretação deve ser firmada com base no sentido técnico da norma, pois se trata de salvaguarda fundamental de princípios, liberdades e direitos básicos fundamentais garantidos pela Constituição, como a liberdade religiosa, de manifestação de pensamento, pluralismo político do regime, a liberdade sindical, a solidariedade social, o direito à educação, dentre outros.

[88] BALEEIRO. Aliomar. **Limitações constitucionais ao poder de tributar**. 8. ed. atualizada por Mizabel Abreu Machado Derzi. Rio de Janeiro: Forense, 2010. p. 375.

[89] MARTINS. Ives Gandra da Silva (coord.). **Imunidades Tributárias,** São Paulo: Ed. RT/ Centro de Extensão Universitária, Pesquisas Tributárias, Nova Série, n. 4, 1998, pp. 32 e 33.

[90] CARVALHO. Paulo de Barros. **Direito Tributário. Linguagem e método.** 5ª. ed. São Paulo: Noeses, 2013. p. 348.

2.3 A imunidade das instituições de educação e assistência social

A Constituição Federal consagra a imunidade dos impostos das "instituições de educação ou de assistência social", e a imunidade das contribuições sociais das "entidades beneficentes de assistência social" nos seguintes artigos:

> Art. 150. Sem prejuízo de outras garantias asseguradas ao contribuinte, é vedado à União, aos Estados, ao Distrito Federal e aos Municípios:
>
> VI – instituir impostos sobre:
>
> c) patrimônio, renda ou serviços dos partidos políticos, inclusive suas fundações, das entidades sindicais dos trabalhadores, das instituições de educação e de assistência social, sem fins lucrativos, atendidos os requisitos da lei;
>
> Art. 195.
>
> § 7º São isentas de contribuição para a seguridade social as entidades beneficentes de assistência social que atendam às exigências estabelecidas em lei.

As finalidades das imunidades das entidades de educação e assistência social, são "atrair os cidadãos a suprir as ineficiências do Poder Público, decorrentes, na maior parte das vezes, da incompetência administrativa, dos desperdícios, da corrupção e da luta sem ética pelo poder." [91]

Luís Eduardo Schoueri anota que, em se tratando de entidades sociais e de educação, a principal razão da imunidade tributária é que elas realizam atividades que estão entre as funções do Estado, desincumbindo o Poder Público, no todo ou em parte, de executá-las, não cabendo se cogitar de capacidade contributiva.

> A *ratio* da imunidade é ainda mais evidente: educação e assistência social estão entre as funções do Estado. Assim, quando uma entidade privada assume tais tarefas, desincumbe o Estado de executá-las. Exerce, pois, ati-

[91] MARTINS. Ives Gandra da Silva (coord.), **Imunidades Tributárias**, São Paulo: Ed. RT/ Centro de Extensão Universitária, Pesquisas Tributárias, Nova Série, n. 4, 1998, pp. 32-33.

vidade do Estado. Atua, assim, no setor público, em que não cabe cogitar de capacidade contributiva. [92]

Para Schoueiri, com efeito a Constituição, ao conceder imunidade às entidades beneficentes de assistência social, o fez para que fossem a União, os Estados, o Distrito Federal e os Municípios auxiliados nesse terreno de assistência aos vulneráveis por entidades que também dispusessem de recursos para tal atendimento gratuito. A Carta Magna outorgou ao Legislativo a confecção de lei para fixar as exigências e os requisitos necessários a fim de que as entidades pudessem ser consideradas de assistência social. Escreve o jurista:

> Afinal, quando a sociedade, livremente, decide organizar uma entidade sem fins lucrativos, destinada à assistência social ou à educação, qualquer imposto que sobre ela incidisse implicaria o desvio de recursos dessas áreas para outras finalidades estatais. A pessoa jurídica de Direito Público apenas retiraria recursos voltados à assistência social ou à educação, para destiná-los às mesmas áreas (o que caracterizaria evidente desperdício) ou a outras áreas (caracterizando um desvio). Dada a importância da atuação estatal nos campos da assistência social e da educação, houve por bem o constituinte assegurar que, uma vez destinados recursos àquelas áreas, não pudessem ser eles desviados. [93]

Discorrendo sobre a imunidade das instituições educacionais ou assistenciais, Paulo de Barros Carvalho pontua que as pessoas tributantes são incompetentes para atingir com seus impostos o patrimônio, a renda e os serviços dessas instituições. A razão da imunidade é que elas desenvolvem uma atividade básica que, a princípio, cumpriria ao Estado desempenhar:

> Antevendo as dificuldades de o Poder Público vir a empreendê-la na medida suficiente, o legislador constituinte decidiu proteger tais iniciativas com a outorga da imunidade. Tanto uns quanto outras, não sofrendo imposições

[92] Schoueri, Luís Eduardo. **Direito Tributário.** 9. ed. São Paulo: Saraiva Educação, 2019. p. 479.
[93] Schoueri. op. cit., p. 480.

por tributos não vinculados, mas na condição de observarem os quesitos estabelecidos em lei.[94]

A lei a que se reporta o comando constitucional é a complementar, mais precisamente aquela prevista no art. 146, II, da Constituição Federal, que, segundo o jurista, é o Código Tributário Nacional, em seu art. 14 no qual constam os propósitos para o implemento dos desígnios do constituinte. São eles:

> Art. 14. O disposto na alínea c do inciso IV do artigo 9º é subordinado à observância dos seguintes requisitos pelas entidades nele referidas:
> I – não distribuírem qualquer parcela de seu patrimônio ou de suas rendas, a qualquer título;
> II – aplicarem integralmente, no País, os seus recursos na manutenção dos seus objetivos institucionais;
> III – manterem escrituração de suas receitas e despesas em livros revestidos de formalidades capazes de assegurar sua exatidão.

Para Carvalho, como a regra constitucional é de eficácia contida, ficando seus efeitos diferidos para o momento da efetiva comprovação das exigências firmadas no Código Tributário, é do entendimento que deve haver requerimento do interessado "à autoridade administrativa competente, que apreciará a situação objetiva, conferindo seu enquadramento às exigências da Lei n. 5.172/66, após o que reconhecerá a imunidade do partido político ou da instituição educacional ou assistencial." [95]

É certo que o campo das imunidades tributárias não se esgota no art. 150, VI, da Constituição Federal. Podemos extrair do texto constitucional outras disposições que veiculam situações sobre as quais não é concedida a competência tributária ao legislador infraconstitucional. Dentre estas, será objeto de análise mais detalhada a imunidade das contribuições sociais prevista no parágrafo sétimo do artigo 195 da Constituição

[94] Carvalho, Paulo de Barros. **Curso de Direito Tributário.** 26. ed. São Paulo: Saraiva, 2014, p. 195.

[95] Carvalho, Paulo de Barros. op. cit., p.196.

Federal, que abrange o nicho específico das entidades sem fins lucrativos, certificadas na condição de entidades beneficentes de assistência social.

2.4 Conceito de entidade beneficente de assistência social

A expressão "Entidades Beneficentes de Assistência Social" ocorre duas vezes na Constituição Federal de 1988. No § 7º do art. 195, e no inciso I, do art. 204, *verbis*:

> § 7º São isentas de contribuição para a seguridade social **as entidades beneficentes de assistência social** que atendam às exigências estabelecidas em lei.
>
> Art. 204. As ações governamentais na área da assistência social serão realizadas com recursos do orçamento da seguridade social, previstos no art. 195, além de outras fontes, e organizadas com base nas seguintes diretrizes:
>
> I – descentralização político-administrativa, cabendo a coordenação e as normas gerais à esfera federal e a coordenação e a execução dos respectivos programas às esferas estadual e municipal, bem como **a entidades beneficentes e de assistência social**; (Grifamos)

As entidades beneficentes de assistência social são instituições que promovem assistência em áreas sociais reconhecidas como de necessidade prioritária para o desenvolvimento do País, como a saúde, a educação e ações para erradicação da pobreza e a redução das desigualdades sociais, bem como atividades para promoção de outros direitos sociais elencados no art. 6º da CF:

> Art. 6º São direitos sociais a educação, a saúde, a alimentação, o trabalho, a moradia, o transporte, o lazer, a segurança, a previdência social, a proteção à maternidade e à infância, a assistência aos desamparados, na forma desta Constituição.

As regras de imunidades foram inseridas na Constituição com a finalidade de preservar valores fundamentais da sociedade. A imunidade das instituições de educação e assistência social e daquelas reconhecidas com entidades beneficentes, assegura o direito fundamental ao acesso aos direitos sociais, e o direito à liberdade de associação da sociedade civil para concretização de tais direitos, visando a construção de uma sociedade livre, justa e solidária, para garantir o desenvolvimento social e erradicar a pobreza e a marginalização e reduzir as desigualdades sociais e regionais, positivados em nível constitucional no art. 3º da Magna Carta, que reconheceu essas entidades como detentoras da imunidade tributária com relação aos impostos (art. 150, inciso VI, letra "a") e, também, às contribuições sociais (art. 195, § 7º), ambos comandos constitucionais, assim redigidos:

> Art. 150. Sem prejuízo de outras garantias asseguradas ao contribuinte, é vedado à União, aos Estados, ao Distrito Federal e aos Municípios:
> [...]
> VI – Instituir impostos sobre:
> [...]
> c) patrimônio, renda ou serviços dos partidos políticos, inclusive suas fundações, das entidades sindicais dos trabalhadores, das instituições de educação e de assistência social, sem fins lucrativos, atendidos os requisitos da lei;
> Art. 195. [...]
> § 7º São isentas de contribuição para a seguridade social as entidades beneficentes de assistência social que atendam às exigências estabelecidas em lei.

José Eduardo Sabo Paes ressalta que as entidades beneficentes de assistência social "são aquelas que buscam o bem-estar social atuando em benefício de outrem que não a própria entidade ou os que a integram".[96]

Para o jurista, as entidades beneficentes referidas no texto constitucional, podem ser quaisquer organizações de caráter permanente, sem fins lucrativos, que tenham objetivos eminentemente sociais, dentre esses a educação, a saúde, e a assistência social propriamente dita.

> A expressão "assistência social" pode ser dividida em *lato sensu* e *strictu sensu*, sendo o primeiro composto da saúde à previdência e assistência social (arts. 194 e 195, § 7º, da CF), e o segundo assistência social propriamente

[96] Paes, José Eduardo Sabo. **Fundações, associações e entidades de interesse social: aspectos jurídicos, administrativos, contábeis, trabalhistas e tributários**. 11. ed. rev. e atual – Rio de Janeiro: Forense, 2021, p. 678

> dita, sendo esta tratada pelo disposto no art. 203 da CF. O Supremo Tribunal Federal, sobre o conceito mais lato de assistência social, entende que a entidade beneficente de assistência social, a que alude o § 7º do art. 195 da Constituição, abarca a entidade beneficente de assistência à saúde (ADIn nº 2085-5) e a beneficente de assistência social (RMS nº 22.192, Rel. Min. Celso de Mello; RMS nº 22.366, Rel. Min. Ilmar Galvão; MI nº 232, Rel. Min. Moreira Alves e ADI nº 2.036-6). [97]

Entende Sabo Paes que as instituições de beneficência possuem um caráter estratégico de maior importância no âmbito de qualquer sociedade que se preocupe com o desenvolvimento social e a consolidação de valores democráticos, pluralistas, comprometidos com a solidariedade humana e o sentido de comunidade.

A razão das imunidades decorrentes do texto constitucional e as isenções estabelecidas em lei para as entidades beneficentes se justificam, em virtude de que essas entidades complementam com eficiência as atividades do Estado. Apesar da forte presença estatal na sociedade, remanescem áreas muito deficientes, com índices problemáticos sobretudo em termos de saúde, educação e assistência social.

Os direitos sociais, tais como saúde, educação e assistência social estão entre as funções do Estado, e quando a sociedade civil organizada participa destas tarefas, está desincumbindo o Estado de executá-las, como apontado anteriormente.

Uma das razões da imunidade é "atrair os cidadãos a suprir ineficiências do Poder Público", como já vimos nas lições de Ives Gandra da Silva Martins[98].

Para Fernando Borges Mânica, no entanto, a imunidade de tributos para as entidades do Terceiro Setor que prestam serviços públicos não se dá exclusivamente em face da inoperância do Estado. Para ele, o texto constitucional é categórico ao dispor que se trata de um dever do Estado o qual será cumprido diretamente e com a colaboração da sociedade, e

[97] PAES, op. cit., p. 679.

[98] MARTINS. Ives Gandra da Silva (coord.), **Imunidades Tributárias**, São Paulo: Ed. RT/ Centro de Extensão Universitária, Pesquisas Tributárias, Nova Série, n. 4, 1998, pp. 32-33.

complementa o argumento citando os artigos 205 e 208 da CF quando se trata do direito social à educação:

> Art. 205. A educação, direito de todos e dever do Estado e da família, será promovida e incentivada **com a colaboração da sociedade**, visando ao pleno desenvolvimento da pessoa, seu preparo para o exercício da cidadania e sua qualificação para o trabalho.
>
> Art. 208. O dever do estado com educação será efetivado mediante a garantia de:
> (...) §1º O acesso ao ensino obrigatório e gratuito é direito público subjetivo. (grifo do autor)

Com relação ao direito social à saúde, o constituinte de 1988 igualmente o colocou como "direito de todos e dever do Estado", conforme art. 196, e a execução dos serviços de saúde deve ser realizada diretamente pelo Estado ou através de terceiros, e, também, por pessoa física ou jurídica de direito privado" (art. 197), ou seja, com a participação da sociedade civil, de forma complementar.

> Art. 196. A saúde é direito de todos e dever do Estado, garantido mediante políticas sociais e econômicas que visem à redução do risco de doença e de outros agravos e ao acesso universal e igualitário às ações e serviços para sua promoção, proteção e recuperação.
>
> Art. 197. São de relevância pública as ações e serviços de saúde, cabendo ao Poder Público dispor, nos termos da lei, sobre sua regulamentação, fiscalização e controle, devendo sua execução ser feita diretamente ou através de terceiros e, também, por pessoa física ou jurídica de direito privado.

O constituinte originário, a fim de privilegiar o princípio da participação de toda a comunidade no desenvolvimento nacional, ou mesmo antevendo inoperância do Estrado, estabelece que as instituições privadas de saúde poderão participar de forma complementar do Sistema Único de Saúde (SUS), e determina ao nível constitucional a contração de entidades filantrópicas e as sem fins lucrativos.

> Art. 199. A assistência à saúde é livre à iniciativa privada.
>
> § 1º – As instituições privadas poderão participar de forma complementar do sistema único de saúde, segundo diretrizes deste, mediante contrato de direito público ou convênio, tendo preferência as entidades filantrópicas e as sem fins lucrativos.

Portanto, as razões da imunidade tributária para as entidades beneficentes, podem ser justificadas pelos pilares de prioridades estabelecidos pelos constituintes que elaboraram a carta constitucional de 1988.

2.5 A Imunidade das contribuições sociais das entidades beneficentes (Art. 195, § 7º da CF)

Como demonstrado nos tópicos anteriores, a imunidade não é instituto que se refere somente a impostos. O constituinte de 1988, no capítulo reservado à Seguridade Social, estabelece a imunidade relativa às contribuições sociais, nos termos ao art. 195, § 7º, assim:

> Art. 195.
>
> § 7º São isentas de contribuição para a seguridade social as entidades beneficentes de assistência social que atendam às exigências estabelecidas em lei.

Paulo de Barros Carvalho ensina que a imunidade é instituto que abrange tanto os impostos quanto as contribuições sociais. Ele escreve:

> A proposição de que a imunidade é instituto que só se refere aos impostos carece de consistência veritativa. Vejamos nesse sentido, o que preceitua o art. 195, § 7º da Constituição Federal: *São isentas de contribuição para a seguridade social as entidades beneficentes de assistência social que atendam às exigências estabelecidas em lei.* Com a ressalva do tropeço redacional, em que o legislador empregou *isenção* para *imunidade*, vê-se que há impedimento expresso para a exigência de contribuição social das entidades beneficentes referidas no dispositivo. Ora, ainda que para nós a contribuição social tenha a natureza jurídica de imposto ou de taxa, sabemos que a orientação predominante é outra, discernindo essa figura, nitidamente, dos impostos.

Na mesma linha de entendimento, Roque Antonio Carrazza reconhece a imunidade das contribuições sociais nos seguintes termos:

> Estabelece o art. 195, § 7º da CF serem "*isentas de contribuição para a seguridade social as entidades beneficentes de assistência social que atendam às exigências estabelecidas em lei.*" Aqui também a palavra "isentas" está empregada, no texto constitucional, no sentido de "imunes". É que, no caso, está-se diante de uma hipótese constitucional de não incidência tributária. Ora, isto tem um nome técnico: imunidade. Assim, onde o leigo lê "isentas", deve o jurista interpretar "imunes". Melhor explicitando, a Constituição, nesta passagem, usa a expressão "são isentas", quando em boa técnica, deveria usar a expressão "são imunes". De fato, uma interpretação rígida e literal deste dispositivo pode acarretar decisões incompatíveis com os valores sociais protegidos pela Constituição. Ao invés, uma interpretação sistemática do Texto Supremo vem ao encontro e preserva estes mesmos valores. Temos, portanto, que são imunes à tributação por meio de *contribuição para a seguridade social* as entidades beneficentes de assistência social, que atendam às exigências estabelecidas em lei." [99]

Embora o artigo 195, § 7º expressamente contenha o vocábulo "isentas", a Suprema Corte já firmou entendimento de que a Constituição não cuida de isenções, mas de imunidades.

Decidiu o Supremo Tribunal Federal no *leading case* da Associação Paulista da Igreja Adventista do Sétimo Dia (entidade social mantida pela organização religiosa), que o § 7º do art. 195, trata de imunidade (vedação total ao poder de tributar) e não de isenção.

> Recurso Ordinário em Mandado de Segurança n. 22.192-9
> Distrito Federal
> Relator: Min. Celso de Mello
> Recorrente: Associação Paulista da Igreja Adventista do Sétimo Dia
> Advogados: Ives Gandra da Silva Martins e outros
> Recorrida: União Federal
> Advogado: Advogado Geral da União

[99] CARRAZZA. Roque Antonio. Curso de Direito Constitucional Tributário. 30. ed. revista, ampl. e atual até a Emenda Constitucional n. 84/2014. São Paulo: Malheiros Editores, 2015, p. 999, 1000.

EMENTA: MANDADO DE SEGURANÇA - CONTRIBUIÇÃO PREVIDENCIÁRIA - QUOTA PATRONAL - ENTIDADE DE FINS ASSISTENCIAIS, FILANTRÓPICOS E EDUCACIONAIS - IMUNIDADE (CF, ART. 195, § 7º) - RECURSO CONHECIDO E PROVIDO.

A Associação Paulista da Igreja Adventista do Sétimo Dia, por qualificar-se como entidade beneficente de assistência social – e por também atender, de modo integral, as exigências estabelecidas em lei – tem direito irrecusável ao benefício extraordinário da imunidade subjetiva relativa às contribuições pertinentes à seguridade social.

– A cláusula inscrita no art. 195, § 7º, da Carta Política – não obstante referir-se impropriamente à isenção de contribuição para a seguridade social –, contemplou as entidades beneficentes de assistência social, com o favor constitucional da imunidade tributária, desde que por elas preenchidos os requisitos fixados em lei.

A jurisprudência constitucional do Supremo Tribunal Federal já identificou, na cláusula inscrita no art. 195, § 7º, da Constituição da República, a existência de uma típica garantia de imunidade (e não de simples isenção) estabelecida em favor das entidades beneficentes de assistência social. Precedente: RTJ 137/965.

Tratando-se de imunidade – que decorre, em função de sua natureza mesma, do próprio texto constitucional, revela-se evidente a absoluta impossibilidade jurídica de a autoridade executiva, mediante deliberação de índole administrativa, restringir a eficácia do preceito inscrito no art. 195, § 7º, da Carta Política, para, em função de exegese que claramente distorce a teleologia da prerrogativa fundamental em Referência, negar, à entidade beneficente de assistência social que satisfaz os requisitos da lei, o benefício que lhe é assegurado no mais elevado plano normativo.

Vistos, relatados e discutidos estes autos, acordam os Ministros do Supremo Tribunal Federal, em Primeira Turma, na conformidade da ata de julgamentos e das notas taquigráficas, por unanimidade de votos, em rejeitar a preliminar e dar provimento ao recurso em mandado de segurança.

Brasília, 28 de novembro de 1995
Moreira Alves – Presidente
Celso de Mello – Relator
Publicação DJ 19-12-1996 PP-51802 – EMENT VOL-01855-01 PP-00154)

Ives Gandra da Silva Martins afirma que:

> "Das quatro mais conhecidas formas de desoneração tributária (imunidades, isenções, não incidências e alíquota zero) – deixo de lado as anistias e as remissões – as imunidades representam vedação absoluta ao poder de tributar; razão pela qual não se confundem com as isenções, renúncia fiscal com objetivo determinado, autorizado pelos governos através de leis." [100]

Ainda segundo Gandra Martins, "o disposto no *caput* do artigo 150 vale para artigo 195, § 7º, pois, para os tributos denominados "Contribuições Sociais", aplicam-se os mesmos critérios dos tributos denominados "impostos", a que se refere o artigo 150, inciso VI, letra c.". [101]

Diferente das isenções, as imunidades constitucionais são autênticas garantias estabelecidas na Constituição Federal para que determinadas pessoas, em suas atividades, não sofram tributação em razão de realizarem serviços considerados pelo constituinte como de relevância para a sociedade, como saúde, educação, assistência social, ou atividades relativas à liberdade religiosa ou liberdade de expressão.

Como se sabe, é a Constituição de 1988 que inaugura no sistema tributário a categoria de tributos denominada de "contribuição", dentre elas as contribuições sociais para o financiamento da Seguridade Social.

Já discorremos anteriormente sobre a expressão "são isentas" contida no § 7º do art. 195, que na verdade o STF já mandou interpretar como "são imunes". Não há qualquer dúvida sobre esta posição no mundo jurídico. Assim como também não resta mais qualquer objeção de que a expressão "lei" no mesmo parágrafo sétimo quer dizer "lei complementar". Ainda que o STF tenha demorado 20 anos para encerrar o debate.

Portanto, hoje não há mais questionamento de que o § 7º do art. 195 da Constituição Federal veicula regra imunizante, que não pode ser destruída nem pela lei, nem, muito menos, por seu aplicador. Nas palavras de Roque Antonio Carrazza:

[100] Martins, Ives Gandra da Silva. **A Reforma Previdenciária e a Imunidade das Filantrópicas**. Revista Bonijuris, ISS 1809-3256, Vol. 30 – Edição 650 – Fev/Mar 2018, p. 62-70

[101] Martins, Ives Gandra da Silva. op. cit., p. 65.

"De fato, se nem a lei pode anular ou restringir as situações de imunidade contempladas na Constituição, por muito maior razão (argumento a fortiori) não o poderão fazer o exegeta e o aplicador das normas tributárias. Em suma, criar tributos, só a lei pode; violar imunidades tributárias, nem ela pode." [102]

Roque Antonio Carrazza, igualmente, alega não haver dúvidas de que tanto o art. 150, ao se referir aos impostos, como o art. 195, ao se referir às contribuições, tratam do mesmo instituto, ou seja, a imunidade tributária.

Realmente, enquanto o art. 150, VI, *c*, da Constituição Federal, ao aludir às instituições de assistência social, faz menção ao "*patrimônio, renda ou serviços*", o art. 195, § 7º, do mesmo Diploma, silencia a respeito, o que *de per se* indica que a imunidade das entidades beneficentes de assistência social tem uma abrangência maior.

De qualquer modo, repisamos que são *imunes* "*de contribuição para a seguridade social as entidades beneficentes de assistência social que atendam às exigências estabelecidas em lei*".

Não resta dúvida de que a imunidade em foco visa a favorecer as entidades que, seguindo os mesmos rumos do Estado, prestam desinteressadamente assistência social às pessoas. Para tanto, foi-lhes assegurado, pela própria Constituição, que não sofreriam a incidência de contribuições para a seguridade social.".[103]

Para o professor, na medida em que o art. 194 da CF estabelece que a sociedade deve se unir aos Poderes Públicos, com eles colaborando, sem intuito econômico, para a seguridade social, "seria rematado contrassenso retirar recursos das entidades beneficentes que nelas investem todos os seus recursos".[104]

[102] Carrazza, op. cit., p 36-37.
[103] Carrazza, op. cit., p.36-37.
[104] Carrazza, op. cit., p.37

Para Carrazza, a doutrina e a jurisprudência deixam claro que a imunidade alcança todas as contribuições para a seguridade social e não, apenas, as "contribuições previdenciárias".

> "Oportuno asseverar, nesse passo, que a imunidade em questão alcança todas as contribuições para a seguridade social e não, apenas, as "*contribuições previdenciárias*". Vale, portanto, para a *COFINS* (contribuição para o custeio da seguridade social), a contribuição para o *PIS/PASEP*, a *CSLL* (contribuição social sobre o lucro líquido), as contribuições a que aludem os arts. 22 e 23, da Lei nº 8.212/1991 etc. Não colhe a eventual objeção de que, no texto constitucional, está simplesmente escrito "*contribuição para a seguridade social*" e, portanto, o emprego desta expressão no plural, é pura especulação dos interessados em dilargar o campo da imunidade em tela. Tal entendimento não se sustenta, em face da interpretação sistemática dos dispositivos acima citados e do próprio *preâmbulo* da Carta Suprema.". [105]

Como se verifica, o Supremo Tribunal já tem por assente que o art. 195, § 7º, da CF regula uma situação de imunidade tributária. Extraímos da obra do jurista argumentos importantes para o presente trabalho, quais sejam:

> II – É importante destacar que as expressões "instituições de assistência social sem fins lucrativos" e "entidades beneficentes de assistência social" – contidas, respectivamente no art. 150, VI, "c", e no art. 195, § 7º, da CF – seguem na mesma trilha, já que, com ligeiro alcance mais amplo da última, ambas se referem às pessoas jurídicas de direito privado que, sem espírito de ganho, desempenham atividades voltadas à concretização do princípio da dignidade da pessoa humana e dos valores presentes ao longo de toda a Carta Magna, máxime em seus arts. 3º, IV, 6º, 196 e 203.
>
> Realmente, enquanto o art. 150, VI, "c", da CF, ao aludir às instituições de assistência social, faz menção ao "patrimônio, rendas ou serviços", o art. 195, § 7º, do mesmo diploma silencia a respeito, o que de *per si* indica que a imunidade das entidades beneficentes de assistência social tem abrangência maior.

[105] CARRAZZA, op. cit., p. 38.

> De qualquer modo, repisamos que são *imunes* "de contribuição para a seguridade social as entidades beneficentes de assistência social que atendam as exigências estabelecidas em lei.
>
> IIa – O sentido desta imunidade salta aos olhos: trazer para nosso Estado Democrático de Direito a garantia de que não incidirão *contribuições* para a seguridade social quando tais entidades privadas colaborarem com o Poder Público no exercício das relevantíssimas funções de assistência social.
>
> A Carta Magna, nesse passo, colocou as entidades beneficentes de assistência social sem fins lucrativos no rol daquelas em favor das quais o Estado solicita a colaboração de toda a sociedade, oferecendo-lhes, em contrapartida, a prerrogativa de não serem submetidas à tributação por meio de contribuições para a seguridade social. [106]

A conclusão é que as entidades beneficentes de assistência social foram declaradas pela Constituição imunes a contribuições para a seguridade social exatamente porque auxiliam e complementam o Estado na realização do bem comum. Por avocarem atribuições típicas do Estado, é justificável o usufruto de certos benefícios, como não serem compelidas a recolher tributos.

E refutando legislação pretérita que buscou impor a tais entidades que a prestação de serviços fosse inteiramente gratuita, não podendo cobrar qualquer valor dos usuários, Carrazza, assim se posiciona:

> VI – Frise-se, também, que as entidades beneficentes de assistência social não perdem tal característica – e, por via de consequência, o direito à imunidade em estudo – ainda que se dediquem a atividades remuneradas, capazes de prover-lhes os recursos necessários à sua manutenção e à de seus programas desinteressados. Destarte, podem perfeitamente ter sobras financeiras, até para evitar que, a médio ou longo prazo, feneçam.
>
> Desnecessário, pois, para a permanência da desoneração constitucional em tela, que a entidade beneficente de assistência social nada cobre por seus

[106] Carrazza. Roque Antonio. Curso de Direito Constitucional Tributário. 30. ed. revista, ampl. e atual até a Emenda Constitucional n. 84/2014. São Paulo: Malheiros Editores, 2015, p. 1000.

serviços ou, caso o faça, que se limite a receber o suficiente para garantir o equilibro de suas contas. É suficiente, para que a imunidade continue existindo, que seus fundadores, administradores e gestores não se apropriem dos eventuais resultados econômicos positivos da pessoa jurídica, mas os reapliquem no *munus* constitucional (princípio do reinvestimento obrigatório).[107]

Portanto, as entidades beneficentes de assistência social não perdem o direito à imunidade se exercerem atividades econômicas, uma vez que a legislação se refere para onde os recursos devem ir e não como os recursos são recebidos. Desde que comprovadamente se destinem à manutenção das atividades essenciais da entidade, cumpre-se o desígnio constitucional em análise. E o jurista concede outros argumentos:

> Para que melhor se compreenda: se as receitas obtidas tiverem aplicação consentânea com as finalidades essenciais da entidade beneficente de assistência social, o reconhecimento da imunidade tributária é de rigor. O que a Lei Maior exige, neste particular, é apenas a correspondência entre a receita obtida e sua aplicação.
> Pedimos vênia para enfatizar: o que importa para a fruição da imunidade em tela não é a forma de obtenção dos ganhos, mas o modo como vêm aplicados.
> Vl b – Portanto, o *fator determinante* da imunidade contemplada no art. 195, § 7º, da CF é a *destinação* dos recursos obtidos pela entidade beneficente de assistência social. Caso se demonstre que ela os aplica para a consecução de seus objetivos, não há motivos jurídicos para retirar-lhe o direito em pauta.
> VII – Ressalte-se, outrossim, que não há nenhuma regra constitucional, nem mesmo implícita, que proíba a entidade beneficente de assistência social de tomar as medidas conducentes à sua crescença ou aperfeiçoamento, até porque a adoção de tais cautelas ela tenderá a melhor atingir seus objetivos altruísticos.[108]

O fator determinante para a imunidade das contribuições sociais, portanto, é a destinação dos recursos obtidos pela entidade, que devem ser vertidos exclusivamente para suas finalidades essenciais. Como bem deli-

[107] Carrazza, op. cit., p. 1005.
[108] Carrazza, op. cit., p. 1005.

neado pelo doutrinador mencionado acima, a Constituição não desestimula a multiplicação, o crescimento ou o aperfeiçoamento das entidades beneficentes, uma vez que tal desenvolvimento favorece a melhor prestação de serviços aos usuários da assistência social.

E sobre a exigência de lei complementar estabelecida no art. 195, § 7º, a lei é o Código Tributário Nacional.

> Consignamos, sempre a respeito, que as exigências estabelecidas em lei são as indicadas no já mencionado art. 14, do *CTN*. Portanto, as entidades beneficentes, para terem jus à imunidade em questão, não devem distribuir seu patrimônio ou renda, precisam aplicar integralmente no País seus rendimentos, e carecem de manter, em livros próprios, a escrituração adequada de suas receitas e despesas.
> Estes preceitos bastam para dilucidar os requisitos, postos na Constituição, para que as entidades beneficentes de assistência social usufruam da imunidade tributária em estudo: ausência de fins lucrativos e consecução de suas finalidades essenciais.[109]

A discussão não é nova, uma vez que remonta às alterações promovidas na sistemática da "isenção" das contribuições sociais pela Lei 9.732/1998, que impôs a total gratuidade na prestação de serviços, o que foi rejeitado pelo Supremo Tribunal.

Luiz Eduardo Schoueri sublinhou que os requisitos do Código Tributário Nacional são os únicos requisitos que as entidades devem cumprir a fim de fruir a imunidade tributária:

> "Importa esclarecer, neste ponto, que esses são os únicos requisitos que devem ser observados para que se goze a imunidade. Não pode lei ordinária apresentar outros requisitos, já que, uma vez cumpridos os da lei complementar (CTN), a entidade já está imune, por mandamento constitucional, a qualquer interferência do poder tributante ordinário". [110]

109 Carrazza, op. cit., p. 39.

110 Schoueri, Luis Eduardo, **Direito Tributário**. Editora Saraiva, São Paulo, 2011, pp. 397/398.

A exigência de lei complementar foi confirmada pelo Supremo Tribunal Federal, em abril de 2020, no julgamento conjunto das ações diretas de inconstitucionalidade (ADIs 2028, 2036, 2228 e 2621 e do RE 566.622) [111], cuja tese do Tema 32 teve a seguinte redação:

> "A lei complementar é forma exigível para a definição do modo beneficente de atuação das entidades de assistência social contempladas pelo art. 195, § 7º, da CF, especialmente no que se refere à instituição de contrapartidas a serem por elas observadas".

No voto-vista na ADI 2028, o Min. Teori Zavaski trouxe importante contribuição na interpretação do conceito de imunidade das entidades beneficentes e nas razões que levaram o Constituinte conceder a imunidade das contribuições sociais. Somente as entidades beneficentes possuem a imunidade das contribuições previdenciárias e não todas as entidades de assistência social sem fins lucrativos. Para o Min. Zavaski, entidade beneficente de assistência social (art. 195, § 7º) não é conceito equiparável a entidade de assistência social sem fins lucrativos (art. 150, VI) e, por esta razão, é a lei complementar que deve realizar a definição dessa condição modal, desde que respeitados os demais termos do texto constitucional relativos à imunidade.

> A imunidade de contribuições sociais serve não apenas a propósitos fiscais, mas à consecução de alguns objetivos que são fundamentais para a República, como a construção de uma sociedade solidária e voltada para a erradicação da pobreza. Objetivos fundamentais não podem ficar à mercê da vontade transitória de governos. Devem ser respeitados, honrados e valorizados por todos os governos, transcendendo a frequência ordinária em que se desenvolvem costumeiramente os juízos políticos de conveniência e opor-

[111] BRASIL. Supremo Tribunal Federal. **Ação Direta de Inconstitucionalidade 2028**, distribuída em: 13 jul. 1999. Julgado em 2 mar. 2017. Trânsito em julgado em: 17 mai. 2020. (Conexão ADI 2036). Disponível em: https://portal.stf.jus.br/processos/detalhe.asp?incidente=1768733. Acesso em: 12 out. 2022.

tunidade, para desfrutar da dignidade política de Estado, por que é isso o que são. [112]

Antes do voto do Ministro Teori, o STF já efetuara a distinção das imunidades. Em voto proferido no RE 202.700/DF, o Ministro Sepúlveda Pertence ressaltou que a imunidade de contribuições destinadas ao custeio da seguridade social não é conferida a todas as instituições assistenciais sem fins lucrativos, "mas restringe a pré-exclusão da incidência daquela modalidade tributária ao universo mais restrito, o das 'entidades beneficentes de assistência social'".[113]

O Superior Tribunal de Justiça (STJ), seguindo a linha do STF de exigência de lei complementar, reconheceu e declarou que a imunidade não é concedida por meio do certificado de entidade beneficente de assistência social, documento que apenas exterioriza a condição preexistente de imunidade, e o fez por meio da Súmula nº 612, proferida nos seguintes termos:

Súmula n. 612/STJ: "O certificado de entidade beneficente de assistência social (Cebas), no prazo de sua validade, possui natureza declaratória para fins tributários, retroagindo seus efeitos à data em que demonstrado o cumprimento dos requisitos estabelecidos por lei complementar para a fruição da imunidade."

A lei complementar nº 187, de 16 de dezembro de 2021, regulamentada pelo Decreto nº 11.791, de 23 de novembro de 2023, foi promulgada a fim de conceituar e caracterizar as entidades beneficentes. Após a promulgação da Lei complementar, o Conselho Administrativo de Recursos Fiscais (CARF), acompanhando a jurisprudência do STF, rejeitou alegações do Fisco de aplicação de leis ordinárias:

[112] BRASIL. Supremo Tribunal Federal. Ação Direta de Inconstitucionalidade – ADI 2028. Voto-vista. Min. Teori Zavaski. Disponível em: https://redir.stf.jus.br/estfvisualizadorpub/jsp/consultarprocessoeletronico/ConsultarProcessoEletronico.jsf?seqobjetoincidente=1768733. Acesso em: 19 jan. 2023.

[113] BRASIL. Supremo Tribunal Federal. Recurso Extraordinário-RE 202.700-6.. Disponível em: https://redir.stf.jus.br/paginadorpub/paginador.jsp?docTP=AC&docID=238470. Acesso em: 19 jan 2023.

Acordão CARF – Conselho Administrativo de Recursos Fiscais
Terceira Turma
Acórdão n. 9303.012.986
Processo: 13808.000813/2002-26
Relator(a)
TATIANA MIDORI MIGIYAMA
Julgamento: 15 de março de 2022
ASSUNTO: NORMAS GERAIS DE DIREITO TRIBUTÁRIO
Período de apuração: 01/01/1997 a 31/12/2001
EMBARGOS. OBSCURIDADE. SANEAMENTO SEM EFEITOS INFRINGENTES. ENTIDADES BENEFICENTES DE ASSISTÊNCIA SOCIAL E DE EDUCAÇÃO. ISENÇÃO DA COFINS. INEXIGIBILIDADE DO CEBAS.
Obscuridade endógena conferida no final da ementa consignada e voto condutor gera a necessidade de saneamento como consequência lógica ou necessária para a supressão do equívoco.
Clarifica-se, assim, que, considerando que as Leis Ordinárias – 8.212/91 e 12.101/09 não trazem somente normas procedimentais para a emissão do CEBAS, excedendo ao estabelecer o modo beneficente de atuação das entidades de assistência social, é de se considerar que as entidades beneficentes de assistência social e de educação, para fins de fruição da imunidade/isenção das contribuições de seguridade social, devem observar somente as contrapartidas previstas em Lei Complementar – estas definidas no art. 14 do CTN, independentemente da inexistência ou existência do certificado (RE 566.622/RS e ADI 4.480).[114]

Diante do que foi demonstrado, não restam dúvidas sobre a exigência de lei complementar para a definição do modo beneficente de atuação das entidades de assistência social. E, mesmo lei complementar, no caso a LC 187/2021, não pode extrapolar as exigências que dizem respeito aos princípios que regem a imunidade tributária.

[114] BRASIL. CONSELHO ADMINISTRATIVO DE RECURSOS FISCAIS. Ministério da Fazenda. Disponível em: https://carf.fazenda.gov.br/sincon/public/pages/ConsultarJurisprudencia/consultarJurisprudenciaCarf.jsf. Acesso em: 25 fev. 2024.

2.6 Conclusão parcial

A imunidade tributária é fenômeno de natureza constitucional. A Constituição, ao estabelecer a imunidade, está a indicar a incompetência das pessoas políticas para legislarem acerca das pessoas e dos fatos tidos por imunes.

Porém, a imunidade não é instituto que se refere somente a impostos (art. 150, VI, c); o constituinte de 1988 sedimentou igualmente a imunidade relativa às contribuições sociais, do art. 195, § 7º.

Portanto, os casos de imunidade estão todos definidos na própria Constituição Federal. As normas infraconstitucionais não possuem diretrizes sobre imunidade. Elas podem apenas aclarar o assunto já esgotado pelo legislador constituinte.

> "A lei complementar não cria limitações que já não existam na Constituição, não restringe, nem dilata o campo por ela determinado. Completa e esclarece as disposições relativas à limitação, facilitando sua execução de acordo com os fins que inspiraram o legislador constituinte". [115]

As imunidades tornam inconstitucionais as leis, sejam ordinárias ou complementares, que as desafiam ou as contornem com imposição de compensações financeiras ou econômicas. Nem mesmo Emenda Constitucional pode anular ou restringir as situações de imunidade contempladas pelo constituinte originário.

Conforme o STF reconheceu e declarou, a Constituição imuniza as "instituições de educação e de assistência social" (art. 150) – incluídos no conceito de assistência social os hospitais e demais entidades de saúde – e as "entidades beneficentes de assistência social" (art. 195) determinando que lei "complementar" pode apenas delimitar o modo de atuação destas entidades, sem jamais impor obstáculos ao usufruto da imunidade.

[115] Baleeiro, Aliomar. **Direito Tributário Brasileiro**. 11ª. Ed. Atualizada por Misabel Abreu Machado Derzi. Rio de Janeiro. Forense, 1999, p. 106-107.

Outro ponto a ser ressaltado, e que será objeto de mais detida ponderação, é que a imunidade não poderá, em razão do expresso no artigo 60, § 4º, IV, da Constituição Federal, ser alterada ou suprimida, ainda que através de emenda constitucional, uma vez que se constitui em cláusula pétrea.

CAPÍTULO 3.
CERTIFICAÇÃO DAS ENTIDADES BENEFICENTES

3.1. Histórico da certificação das entidades beneficentes de Assistência Social – CEBAS

Historicamente, as entidades beneficentes de assistência social sempre foram detentoras da imunidade tributária. Já na década de 1950, o Conselho Nacional do Serviço Social (CNSS) emitia certificado por prazo indeterminado com base na Lei nº 3.577, de 4 de julho de 1959 que as "isentava" da contribuição devida aos Institutos e Caixas de Aposentadorias e Pensões – CAPS (instituídos pela Lei Eloy Chaves de 1923), depois reunidos no Instituto de Aposentadorias e Pensões – IAPAS, unificados em 1966 ao Instituto Nacional de Previdência Social (INPS).

Para tanto, as entidades beneficentes deveriam cumprir alguns requisitos, como ser organizadas nos termos da Lei nº 91, de 28/08/1935 (revogada pela Lei nº 13.204, de 14/12/2015), e seus diretores e conselheiros eram proibidos de receber remuneração; a entidade deveria possuir comprovante de funcionamento no território nacional e ser possuidora do título de utilidade pública federal criado pela mesma lei nº 91/1935 promulgada por Getúlio Vargas.

Em seguida, o Decreto-Lei nº 1.572, de 1º de setembro de 1977 [116] limitou a concessão de novos certificados pelo CNSS, sendo assegurados os direitos para as entidades que já haviam sido certificadas.

[116] BRASIL. **Decreto-Lei Nº 1572, de 1º de setembro de 1977**. Revoga a Lei nº 3.577, de 4 de julho de 1959, e dá outras providências. Disponível em http://www.planalto.gov.br/ccivil_03/decreto-lei/1965-1988/del1572.htm#:~:text=indeferir%20aquele%20reconhecimento.-,Art.,m%C3%AAs%20seguinte%20ao%20dessa%20revoga%C3%A7%C3%A3o. Acesso em: 10 abr, 2022.

Por sua vez, a Constituição Federal de 1988 instituiu a Seguridade Social unificando a saúde, a previdência social e a assistência social e estabeleceu a classe de tributos denominados de "contribuição" e a imunidade das entidades beneficentes de assistência social com respeito às contribuições sociais devidas para a seguridade social, por meio do § 7º do artigo 195, que faz remissão à regulamentação dos requisitos por meio de lei (O STF firmou que o vocábulo "isentas" quer dizer "imunes" e Lei que dizer Lei Complementar):

> § 7º São isentas de contribuição para a seguridade social as entidades beneficentes de assistência social que atendam às exigências estabelecidas em lei.

As "entidades beneficentes de assistência social" grafadas no parágrafo sétimo, guardam equivalência em termos jurisprudenciais à expressão "instituições de assistência social" referidas na letra c, do inciso IV, do art. 150 da CF que trata da imunidade de impostos. E, segundo a redação do parágrafo sétimo, do referido art. 195, as exigências devem ser estabelecidas em lei (complementar).

Em 1990, quase dois anos depois da promulgação da Constituição Federal, e ainda sem terem sido estabelecidas em lei complementar as exigências previstas no § 7º, do referido art. 195, o Supremo Tribunal Federal reconheceu e declarou o estado de mora do Congresso Nacional, no julgamento do Mandado de Injunção (MI 232-1) "a fim de que, no prazo de seis meses (o Congresso Nacional) adote providências legislativas que se impõem para o cumprimento da obrigação de legislar". [117]

[117] BRASIL. STF. **Mandado de Injunção** MI 232. Número Único: 0001233-52.1990.0.01.000. Relator: Min. Moreira Alves. Impetrante: Centro de Cultura Professor Luiz Freire. Advogado: Adonias dos Santos Costa. Impetrado: Congresso Nacional. O Tribunal, por maioria de votos, rejeitou a preliminar de ilegitimidade ativa da requerente, vencidos os Srs. Mins. Relator, Octavio Gallotti, Sydney Sanches, Aldir Passarinho e Néri da Silveira. No mérito, o Tribunal, por maioria, conheceu em parte do Mandado de Injunção e nessa parte o deferiu para declarar o estado de mora em que se encontra o Congresso Nacional, a fim de que, no prazo de seis meses, adote as providências legislativas que se impõem para o cumprimento da obrigação de legislar, decorrente do art. 195, § 7º da constituição, sob pena de, vencido esse prazo, sem legislar, passe a requerente a gozar da imunidade requerida, vencidos os srs. Mins. Marco Aurélio, Carlos Velloso e Célio

Na mesma decisão o STF assentou que, não sendo adotada lei para regular o parágrafo sétimo, a requerente do Mandado de Injunção (Centro de Cultura Professor Luiz Freire) passasse a gozar da imunidade requerida.

O prazo de seis meses determinado pelo STF transcorreu sem qualquer iniciativa do Congresso Nacional. Em razão da mora legislativa em regulamentar o § 7º do art. 195, aos poucos foram sendo criadas regulamentações irregulares, primeiro por veículo inadequado (leis ordinárias e decretos) e, depois, sob a lógica da isenção e não da imunidade, que deram origem a gigantescos questionamentos administrativos e judiciais contra o fisco federal envolvendo as contribuições sociais previstas nos artigos 22 e 23 da Lei nº 8.212/1991.

3.2 A regulamentação por meio de decretos e de lei ordinária

Uma das primeiras tentativas de acrescentar requisitos para a fruição da imunidade, tem início com a promulgação da Lei nº 8.212/1991, que dispõe sobre a organização da Seguridade Social e institui o Plano de Custeio. O artigo 55, em sua redação original,[118] estabeleceu obrigações para a fruição da "isenção", dentre as quais as seguintes:

> Art. 55. Fica isenta das contribuições de que tratam os arts. 22 e 23 desta Lei a entidade beneficente de assistência social que atenda aos seguintes requisitos cumulativamente:
> I – seja reconhecida como de utilidade pública federal e estadual ou do Distrito Federal ou municipal;
> II – seja portadora do Certificado e do Registro de Entidade de Fins Filantrópicos, fornecido pelo Conselho Nacional de Assistência Social, renovado a cada três anos;
> III – promova a assistência social beneficente, inclusive educacional ou de saúde, a menores, idosos, excepcionais ou pessoas carentes;

Borja, que o deferiam, em termos diversos. Votou o presidente. Plenário, 2.8.91. Decisão Publicada, DJ 16/08/1991.

[118] BRASIL. **Lei nº 8.212, de 24 de julho de 1991**. Dispõe sobre a organização da Seguridade Social, institui Plano de Custeio, e dá outras providências. Disponível em: http://www.planalto.gov.br/ccivil_03/leis/l8212cons.htm. Acesso em: 25 fev. 2024.

IV – não percebam seus diretores, conselheiros, sócios, instituidores ou benfeitores, remuneração e não usufruam vantagens ou benefícios a qualquer título;
V – aplique integralmente o eventual resultado operacional na manutenção e desenvolvimento de seus objetivos institucionais, apresentando anualmente ao Conselho Nacional da Seguridade Social relatório circunstanciado de suas atividades.
§ 1º Ressalvados os direitos adquiridos, a isenção de que trata este artigo será requerida ao Instituto Nacional do Seguro Social-INSS, que terá o prazo de 30 (trinta) dias para despachar o pedido.
§ 2º A isenção de que trata este artigo não abrange empresa ou entidade que, tendo personalidade jurídica própria, seja mantida por outra que esteja no exercício da isenção.

Na redação original do artigo 55, acima transcrita, é possível comprovar que não há qualquer contrapartida envolvendo quantitativo de prestação de serviços gratuitos ou percentuais de atendimento ao SUS, por exemplo, e que o legislador trata as entidades como "isentas" e não como "imunes".

Ocorre que, para regulamentar o art. 55, inciso II, da Lei nº 8.212/1991, foi promulgado o Decreto 752, de 16 de fevereiro de 1993, que dispôs sobre a concessão do Certificado de Entidade de Fins Filantrópicos.

O decreto ultrapassou sua competência, extrapolando os próprios limites da lei e das previsões do Código Tributário Nacional para as entidades imunes, ao estabelecer a primeira contrapartida de caráter econômico-financeiro, sem a qual as entidades não obteriam o certificado, qual seja, a obrigatoriedade de aplicar anualmente em gratuidade pelo menos 20% (vinte por cento) da receita bruta da instituição.

O mesmo decreto obrigou que as entidades da área de saúde deveriam prestar serviços no percentual de 60% (sessenta por cento) de atendimento ao Serviço Único de Saúde – SUS, mediante convênio, para ficarem dispensadas de cumprir os 20% da receita em gratuidade, conforme art. 2º, inciso IV, e art. 3º, assim:

Art. 2º Faz jus ao Certificado de Entidade de Fins Filantrópicos a entidade beneficente de assistência social que demonstre, cumulativamente:

> [...]
> IV – aplicar anualmente pelo menos vinte por cento da receita bruta proveniente da venda de serviços e de bens não integrantes do ativo imobilizado, bem como das contribuições operacionais, em gratuidade, cujo montante nunca será inferior à isenção de contribuições previdenciárias usufruída;
> 3º A entidade da área de saúde cujo percentual de atendimentos decorrentes de convênio firmado com o Sistema Único de Saúde (SUS) seja, em média, igual ou superior a sessenta por cento do total realizado nos três últimos exercícios, fica dispensada na observância a que se refere o inciso IV deste artigo.

É de se ressaltar que tais obrigatoriedades foram estabelecidas em decreto, em desconformidade com os princípios que regem a imunidade e mesmo com a lógica da isenção que deve ser regulada em lei e não em decreto.

Na sequência desta imprecisão legislativa, entrou em vigor a Lei Orgânica da Assistência Social – LOAS (Lei nº 8,742, de 7 de dezembro de 1993)[119], que instituiu o Conselho Nacional de Assistência Social. A LOAS determinou a extinção do Conselho Nacional de Serviço Social no prazo de 120 dias após sua promulgação (art. 33) e determinou ao Poder Executivo a instalação do CNAS – Conselho Nacional de Assistência Social – no mesmo prazo, tendo as mesmas competências do CNSS, dentre as quais, a de conceder atestado de registro e certificado de entidade de fins filantrópicos (art. 18, IV), remetendo a regulamento os detalhes de tais registros e certificados.

Como resultado, as entidades que não se ajustaram ao Decreto 752/1993 tiveram os certificados indeferidos e consequentemente sofreram autos de infração pelo fisco nacional, tendo início a judicialização do tema das filantrópicas. Muitas entidades buscaram no Poder Judiciário a solução do dilema. Algumas chegaram a invocar o direito adquirido ao certificado concedido nos termos do Decreto-Lei 1.572, de 1º de setembro de 1977. Em razão dos casos repetitivos, coube ao Superior Tribunal

119 BRASIL. **Lei nº 8.742, de 7 de dezembro de 1993**. Dispõe sobre a organização da Assistência Social e dá outras providências. Disponível em: http://www.planalto.gov.br/ccivil_03/leis/l8742.htm. Acesso 10 abr. 2022.

de Justiça pacificar o entendimento por meio da Súmula 352, publicada no DJ 19/06/2008, p.1:

> "A obtenção ou a renovação do Certificado de Entidade Beneficente de Assistência Social (Cebas) não exime a entidade do cumprimento dos requisitos legais supervenientes."

Cinco anos depois, o Decreto 752/93 é revogado por nova regulamentação do art. 55 da Lei 8.212/91 com a promulgação do Decreto nº 2.536, de 6 de abril de 1998, que estabelece requisitos mais criteriosos para as entidades terem acesso ao certificado (CEBAS), mantendo, ainda, as exigências de contrapartida de caráter econômico-financeiro do decreto 752/1993.

A questão permaneceu sendo regulada por decreto até a entrada em vigor da Lei nº 12.101, de 27 de novembro de 2009, mas antes disso as entidades conseguiram levar a discussão para a Suprema Corte.

3.3. A resposta do STF sobre as alegações de inconstitucionalidade

A despeito da inconstitucionalidade flagrante e as severas exigências estabelecidas pelo artigo 55 da Lei 8.212/91 e seus dois decretos regulamentadores (752/93)[120] e (2.536/98),[121] a grande maioria das entidades, muitas das quais centenárias, continuou a prestar serviços e a se desdobrar para manter a certificação.

É quando surge mais uma alteração no famigerado artigo 55 da Lei 8.212/91 que torna impraticável o cumprimento dos requisitos e inviabiliza o funcionamento das entidades.

[120] BRASIL. **Decreto nº 752, de 16 de fevereiro de 1993**. Dispõe sobre a concessão do Certificado de Entidade de Fins Filantrópicos, a que se refere o art. 55, inciso II, da Lei nº 8.212, de 24 de julho de 1991, e dá outras providências. Disponível em: http://www.planalto.gov.br/ccivil_03/decreto/d752.htm. Acesso em: 25 fev. 2024.

[121] BRASIL. **Decreto nº 2.536, de 6 de abril de 1998**. Dispõe sobre a concessão do Certificado de Entidade de Fins Filantrópicos a que se refere o inciso IV do art. 18 da Lei nº 8.742, de 7 de dezembro de 1993, e dá outras providências. Disponível em: http://www.planalto.gov.br/ccivil_03/decreto/d2536.htm. Acesso em: 25 fev. 2024.

A Lei n. 9.732, de 1998, alterou o inciso III, do artigo 55, determinando que todos os serviços das entidades beneficentes passassem a ser inteiramente gratuitos, assim:

> Art. 55. Fica isenta das contribuições de que tratam os arts. 22 e 23 desta Lei a entidade beneficente de assistência social que atenda aos seguintes requisitos cumulativamente:
> **III – promova, gratuitamente e em caráter exclusivo, a assistência social beneficente a pessoas carentes, em especial a crianças, adolescentes, idosos e portadores de deficiência;**

Tal exigência, na prática, **inviabilizou a existência e a manutenção da prestação de serviços pelas entidades beneficentes**, uma vez que o financiamento delas depende de receber pagamentos pelos serviços prestados e conceder um percentual de gratuidade para os necessitados. Conforme Roque Antônio Carrazza, a exigência de que as atividades devem ser inteiramente gratuitas é uma subversão do conceito constitucional:

> As entidades beneficentes de assistência social, conforme já vimos, igualmente não estão impedidas de desempenhar outras atividades de cunho econômico, contanto que os recursos com eles angariados revertam na manutenção de seus objetivos institucionais. (...)
> XIIIa.4 – Isto não significa, porém, que os serviços assistenciais prestados devam ser necessariamente gratuitos. Deveras, a só circunstância de cobrar por eles, dos que podem pagar, não desnatura a entidade beneficente de assistência social. Muito menos para os fins do art. 195, § 7º, da CF. [122]

Em razão destas exigências que inviabilizavam a prestação dos serviços, as entidades passaram a buscar o Poder Judiciário, mais precisamente com ajuizamento no STF de ações diretas de inconstitucionalidade.

[122] Carrazza. Roque Antonio. **Curso de Direito Constitucional Tributário**. 30. ed. revista, ampl. E atual até a Emenda Constitucional n. 84/2014. São Paulo: Malheiros Editores, 2015. p. 1010.

3.4. As ações diretas de inconstitucionalidade – ADIN 2028 e conexas

Diante da mencionada escalada de legislação que inviabilizava a existência das beneficentes como entidades imunes atuando em complementariedade ao Estado, e diante da gravidade da nova lei 9.732/98 estabelecendo a exigência de total gratuidade dos serviços prestados, a Confederação Nacional de Saúde – Hospitais, Estabelecimentos e Serviços – CNS, ajuizou no Supremo Tribunal Federal uma ação direta de inconstitucionalidade.

A ação, numerada no STF como ADIN 2028, requeria reconhecimento da inconstitucionalidade das novas leis e seus decretos regulamentadores. Na sequência, outras ações foram se agregando em conexão e, igualmente, questionavam tais dispositivos, dentre os quais: art. 55, incisos II e III, da Lei nº 8.212/1991, na redação que lhe atribuiu o art. 5º da Lei nº 9.429/96, e, subsidiariamente, na redação original; o art. 18, incisos III e IV da Lei 8.742/1993; os arts. 2º, inciso IV, §§ 1º e 4º, art. 4º e parágrafo único do Decreto 2.536/1998, e subsidiariamente, dos arts. 1º, inciso IV, 2º, inciso I, §§ 1º e 3º, art. 7º e § 4º do Decreto 752/1993.

A principal inconstitucionalidade formal apresentada na ADI é a de que as limitações ao poder de tributar devem ser reguladas por *Lei Complementar*, por força do disposto no artigo 146, inciso II da Constituição Federal, assim redigido: "Art. 146. Cabe à lei complementar: (...) II – regular as limitações constitucionais ao poder de tributar."

Enquanto as ações tramitavam vagarosamente no STF, o Decreto 2.536/98 acabou sendo revogado pela Lei 12.101/2009, assim como houve modificação no artigo 55 da Lei 8.212/91 e alterações nas Leis 8.742/1993, 9.429/1996, 9.732/1998, 10.684/2003, da Medida Provisória 2.187-13/2001, da Lei 11.096/2005 e, posteriormente, a própria Lei 12.101/2009 sofreu alterações pela Lei 12.868/2013.

As Leis 12.101/2009 e 12.868/2013 foram questionadas no Supremo Tribunal Federal, respectivamente, pela ADI 4480 impetrada pela Confederação dos Estabelecimentos de Ensino – Confenen e ADI 4891, ajuizada pelo Conselho Federal da Ordem dos Advogados do Brasil.

Ressalte-se que a ADI 2028 foi distribuída no STF em 13 de julho de 1999 e transitou em julgado em 17 de maio de 2020. Durante os mais de 20 anos em que tramitou na Suprema Corte, outras ações foram juntadas a ela por conexão: ADIs 2036, 2621, 2228 e o RE 566.622, com repercussão geral. O trânsito em julgado das ADIs ocorreu em 17 de maio de 2020 e o trânsito em julgado do RE 566.622 se deu somente em 27 de setembro de 2022. [123]

No julgamento conjunto das referidas ações (Ações Diretas de Inconstitucionalidade (ADI), convertidas em Arguições de Descumprimento de Preceito Fundamental - ADPF), o STF assim definiu a tese relativa ao tema 32 da repercussão geral, conferindo a seguinte formulação:

> **"A lei complementar é forma exigível para a definição do modo beneficente de atuação das entidades de assistência social contempladas pelo art. 195, § 7º, da CF, especialmente no que se refere à instituição de contrapartidas a serem por elas observadas".**

Como ficou decidido, a Suprema Corte admite que lei complementar pode instituir "contrapartidas". Porém, não há qualquer parâmetro na decisão que estabeleça limites ou que conceitue o que se pode entender com o vocábulo contrapartidas.

Pela decisão, lei "ordinária" poderá fixar as normas de constituição e funcionamento das entidades. Porém, somente "lei complementar é forma exigível para definição do modo beneficente de atuação das entidades de assistência social contempladas pelo art. 195, § 7º, da CF, especialmente no que se refere à instituição de contrapartidas a serem por ela observadas".

Como se sabe, mesmo uma lei ordinária poderá descrever pressupostos que não extrapolem os estabelecidos no Código Tributário Nacional ou em lei complementar superveniente. Não pode a lei (ordinária ou complementar) criar obstáculos adicionais aos já previstos em ato complementar.

Por esta razão, o STF proclamou a inconstitucionalidade dos dispositivos supracitados, dentre os quais o artigo 4º da Lei nº 9.732/1998 que determinou que a "isenção" a ser usufruída pelas entidades que não praticassem de forma exclusiva e gratuita o atendimento a pessoas carentes,

[123] O RE 566.522 estava pendente de Embargos de Declaração, rejeitados pelo Plenário do STF em 29.08.2022. Transitado em 22.09.2022. Disponível em: https://portal.stf.jus.br/processos/detalhe.asp?incidente=2565291. Acesso em: 09 out. 2022.

seria na proporção do valor das vagas cedidas, ou do valor do atendimento à saúde.

A decisão do STF não entrou no mérito sobre o *quantum* de serviços poderá ser exigido das entidades beneficentes por futura lei complementar, se é que poderá ser exigido.

No entanto, a despeito de o STF ter admitido a exigência de eventual contrapartida, a realidade é que mesmo Lei Complementar não poderá tratar a imunidade como mera isenção, ou forma de compensação pelo não recolhimento de contribuições sociais. Ao que parece, no atual sistema imposto pela Lei Complementar 187/2021, a entidade beneficente está num regime em que os tributos em vez de serem pagos em dinheiro deverão ser quitados pela execução de serviços gratuitos. Pelo que foi demonstrado até aqui, esse tratamento pode ser considerado uma distorção daquilo que se entende por regra de imunidade.

A realidade, no entanto, apresenta outras graves distorções. Em casos em que uma entidade descumpra requisitos meramente formais e não consiga a renovação da certificação, como consequência terá contra si o lançamento de tributos atuais e retroativos. Todo o volume de recursos investidos nos serviços prestados (bolsas de estudo gratuitas, serviços médicos gratuitos, prestação de serviços aos SUS, entre outros), todas as despesas com essa gratuidade concedida será desconsiderada e não há previsão legal de que será amortizada nos valores dos tributos que terá de pagar.

Tal situação é verdadeira distorção do sistema estabelecido, afrontando os princípios da moralidade pública, impondo evidente *bis in idem* (pagamento em duplicidade dos tributos).

Regina Helena Costa ensina que a Lei Complementar não está autorizada a estabelecer requisitos que venham a restringir o universo das entidades alcançadas pela imunidade tributária:

> A lei complementar referida, com fundamento no art. 146, II, da Constituição, não pode inovar a disciplina da imunidade, não estando autorizada a estabelecer requisitos que venham a restringir o universo de entes que o Texto Fundamental quer ver alcançados pela exoneração tributária. A Constituição da República não pôs requisitos outros além de tratar de instituição que cuide de educação e assistência social e que não tenha fins lucrativos; só

pode a lei complementar versar sobre algumas outras características essenciais que decorram de outros princípios constitucionais, ou desse preceito deduzir explicitamente desdobramentos ou implicações que nela já se contenham. Os requisitos legais, no caso, como sabido, são os do art. 14, CTN, conforme ADI 1.802/DF, Rel. Min. Dias Toffoli, j. 12.4.2018.[124]

A lei não pode condicionar o gozo da imunidade à observância de critérios irrazoáveis, ainda que trazidos por diploma formalmente válido como a lei complementar.

Luis Eduardo Schoueri, ao analisar a decisão do STF na ADIn 2545-7-DF, sobre requisitos impostos às entidades beneficentes pela Lei nº 10.260/2001, argumenta que não podem "as leis infraconstitucionais, **ainda que complementares**, anular o conceito de entidade beneficente de assistência social e assim reduzir ou **inviabilizar a imunidade**;" [125] (grifos nossos)

Schoueri cita o voto do Min. Luis Roberto Barroso, no julgamento do mérito da ADIn. 2545-7-DF, que refuta a tentativa de uma lei em substituir obrigação de dar (pagar contribuição) por obrigação de fazer (conceder bolsas de estudo). Assim se posicionou o Min. Barroso:

> 1. O art. 19 da Lei nº 10.260/01, quando determina que o valor econômico correspondente à exoneração de contribuições seja obrigatoriamente destinado a determinada finalidade está, na verdade, substituindo por obrigação de fazer (conceder bolsas de estudo) a obrigação de dar (pagar a contribuição patronal) de que as entidades beneficentes educacionais estão expressamente dispensadas.

Schoueri relembra o argumento imbatível exposto por Misabel de Abreu Derzi Machado, em nota de atualização na obra de Aliomar Ballei-

124 Costa, Regina Helena. **Curso de Direito Tributário**: Constituição e Código Tributário Nacional. 12. ed. São Paulo: SaraivaJur. 2022. p. 135-136.

125 Schoueri, Luís Eduardo. **Direito Tributário**. 9. ed. São Paulo: Saraiva Educação, 2019. p. 479.

ro.[126]. Segundo a jurista, visto que somente a Constituição Federal estabelece imunidade, a lei complementar não pode inovar, pois não haveria como a Constituição permitir que a própria pessoa jurídica de direito público que institui o tributo tenha a tarefa de impor requisitos para a imunidade.[127]

Dessa forma, lei ordinária ou lei complementar, não possuem competência para estabelecer obstáculos à fruição da imunidade tributária das entidades beneficentes, criando requisitos que funcionem como certa espécie de troca ou permuta para, de alguma forma, se compensar o não recolhimento de tributos. Em nosso entendimento, é o que parece estar acontecendo com a nova Lei Complementar nº. 187/2021, que regula a imunidade das entidades beneficentes.

3.5. A promulgação da Nova Lei Complementar 187/2021

Em razão das decisões do Supremo Tribunal Federal, mesmo antes do trânsito em julgado, começaram as movimentações tanto pelas entidades como pelo Governo, para a edição de uma lei complementar para regulamentar a imunidade das filantrópicas.

O Projeto de Lei Complementar – PLP 134/2019, de autoria do Dep. Bibo Nunes (PSL/SP) foi apresentado em 21/05/2019, e tramitou pela Comissão de Educação (CE), tendo como relatora a Dep. Professora Dorinha Seabra Rezende (DEM/TO); pela Comissão de Seguridade Social e Família (CSSF), tendo a relatoria do Dep. Antonio Brito (PSD/BA), na qual foram realizadas diversas reuniões e audiência pública em 17/06/2021; pela Comissão de Finanças e Tributação (CFT), com relator o Dep. Marco Bertaiolli (PSD/SP).

Havia previsão de tramitação por outras comissões da Câmara, tais como a Comissão de Constituição e Justiça (CCJ) havendo, porém, um *per saltum*, uma vez que em 27/09/2021 o Plenário da Câmara dos Deputados aprovou na Sessão Deliberativa Extraordinária Virtual, o requerimento de urgência apresentado pelos deputados Tia Eron e Hugo Motta,

[126] Derzi Machado. Misabel de Abreu. Nota de Atualização. *In:* Baleeiro. Aliomar. **Limitações constitucionais ao poder de tributar**. 11. ed. Rio de Janeiro: Forense, 2004. p. 178-181.

[127] Schoueri, op. cit,, 479.

por meio do Requerimento 1208/2021, o que redundou na subida do PL para deliberação diretamente pelo Plenário.

No plenário da Câmara, o PLP recebeu diversas emendas que foram rejeitadas e o relatório do Dep. Marco Bertaiolli (PSD/SP) foi aprovado e encaminhado para o Senado Federal.

No dia 16/11/2021, o Senado Federal, por unanimidade, aprovou o PLP 134/2019, com acolhimento pelo relator Sen. Carlos Fávaro (PSD/MT). O relator rejeitou algumas emendas e acolheu outras, dentre as quais uma que insere no texto as entidades de cuidado de pessoas com deficiência, uma que admite as comunidades terapêuticas como "filantrópicas", tema que havia sido retirado na Câmara.

O texto retornou para a Câmara dos Deputados e, finalmente, foi promulgado no dia 16 de dezembro de 2021, como LEI COMPLEMENTAR 187/2021, inicialmente com 10 (dez) vetos presidenciais.[128]

[128] **Veto 1) Inciso V do caput do art. 7º;**
"V – prestar serviços não remunerados pelo SUS a trabalhadores."
Veto 2) Inciso XIII do § 2º do art. 13;
"XIII – outras que venham a ser definidas em regulamento."
Veto 3) § 4º do art. 18;
"§ 4º O certificado será expedido em favor da entidade mantenedora das instituições de ensino."
Veto 4) § 3º do art. 25;
"§ 3º Eventual valor pago antes da formalização da matrícula do aluno não descaracterizará a bolsa de estudo concedida nos termos dos incisos I e II do
§ 1º do art. 19 desta Lei Complementar e não limitará ou suspenderá o direito à certificação."
Veto 5) Art. 28;
"Art. 28. No ato de aferição periódica do cumprimento dos requisitos desta Seção, as entidades de educação que não tenham concedido o número mínimo de bolsas previsto nos arts. 20, 21, 22 e 23 desta Lei Complementar poderão compensar o número de bolsas devido no exercício subsequente, mediante a assinatura de Termo de Ajuste de Gratuidade ou de instrumento congênere, nas condições estabelecidas em regulamento.
§ 1º Após a publicação da decisão relativa à aferição do cumprimento dos requisitos desta Seção, as entidades que atuam na área da educação a que se refere o caput deste artigo terão prazo de 30 (trinta) dias para requerer a assinatura do Termo de Ajuste de Gratuidade.
§ 2º Na hipótese de descumprimento do Termo de Ajuste de Gratuidade ou congênere, a certificação da entidade será cancelada.
§ 3º O Termo de Ajuste de Gratuidade poderá ser celebrado somente uma vez com a mesma entidade a cada período de aferição, estabelecido nos termos de regulamento.

Além dos vetos presidenciais, foi incluído na Lei o § 7º no artigo 31, de acordo com RETIFICAÇÃO publicada no Diário Oficial (DOU DE 17/12.2021).

3.6. A derrubada parcial dos vetos

Em sessão do Congresso Nacional ocorrida no dia 5 de julho de 2022, senadores e deputados derrubaram alguns pontos do veto 66/2021 imposto à Lei Complementar 187/2021 (DOU 8.7.2022, Edição Extra).[129]

§ 4º As bolsas de pós-graduação stricto sensu poderão integrar a compensação, desde que se refiram a áreas de formação definidas em regulamento."

Veto 6) § 6º do art. 31;

"§ 6º O limite estabelecido no § 5º deste artigo poderá ser excedido, desde que observados os seguintes termos:

I – tenham termo de curatela do idoso;

II – o usuário seja encaminhado pelo Poder Judiciário, pelo Ministério Público ou pelo gestor local do Suas; e

III – a pessoa idosa ou seu responsável efetue a doação, de forma livre e voluntária."

Veto 7) § 2º do art. 40;

"§ 2º Aos requerimentos de concessão ou de renovação de certificação pendentes de decisão na data de publicação desta Lei Complementar aplicam-se as regras e as condições vigentes à época de seu protocolo."

Veto 8) § 4º do art. 40;

"§ 4º Na hipótese de deferimento do pedido de renovação prioritário, nos termos do § 3º deste artigo, os demais requerimentos de renovação pendentes serão automaticamente deferidos e será confirmada a imunidade durante o respectivo período."

Veto 9) Parágrafo único do art. 41;

"Parágrafo único. O disposto no caput deste artigo aplica-se aos créditos constituídos da União, oriundos ou não de autos de infração, com exigibilidade suspensa, pendentes de julgamento, parcelados ou inscritos em dívida ativa, ou mesmo em fase de execução fiscal já ajuizada, que tenham como fundamento da autuação violação de dispositivos contidos em lei ordinária."

Veto 10) Art. 42;

"Art. 42. As entidades beneficentes e em gozo da imunidade terão prioridade na celebração de convênios e de contratos com o poder público para a execução de serviços, gestão, programas e projetos."

[129] BRASIL. **Lei Complementar 187/2021**, promulgação partes vetadas. Disponível em: http://www.planalto.gov.br/ccivil_03/leis/lcp/Lcp187.htm#promulgacao. Acesso em: 26 jul. 2022

O Primeiro veto derrubado foi o § 4º do art. 18 da Lei Complementar, assim:

> "§ 4º O certificado será expedido em favor da entidade mantenedora das instituições de ensino."

Foi importante a manutenção do § 4º do art. 18, uma vez que o certificado deve ser concedido para a entidade detentora do Cadastro Nacional de Pessoas Jurídicas (CNPJ) considerada a matriz. Por questões práticas, a certificação de inúmeros estabelecimentos seria a imposição de um volume enorme de trabalho aos Ministérios certificadores. O balanço patrimonial da entidade espelha a pessoa jurídica de maneira global e não traz qualquer prejuízo na análise do cumprimento de requisitos. Cremos acertada a manutenção do referido parágrafo.

O segundo ponto derrubado pelo Congresso foi o veto ao art. 28 da Lei, que assim dispõe:

> Art. 28. No ato de aferição periódica do cumprimento dos requisitos desta Seção, as entidades de educação que não tenham concedido o número mínimo de bolsas previsto nos arts. 20, 21, 22 e 23 desta Lei Complementar poderão compensar o número de bolsas devido no exercício subsequente, mediante a assinatura de Termo de Ajuste de Gratuidade ou de instrumento congênere, nas condições estabelecidas em regulamento.
>
> § 1º Após a publicação da decisão relativa à aferição do cumprimento dos requisitos desta Seção, as entidades que atuam na área da educação a que se refere o caput deste artigo terão prazo de 30 (trinta) dias para requerer a assinatura do Termo de Ajuste de Gratuidade.
>
> § 2º Na hipótese de descumprimento do Termo de Ajuste de Gratuidade ou congênere, a certificação da entidade será cancelada.
>
> § 3º O Termo de Ajuste de Gratuidade poderá ser celebrado somente uma vez com a mesma entidade a cada período de aferição, estabelecido nos termos de regulamento.
>
> § 4º As bolsas de pós-graduação stricto sensu poderão integrar a compensação, desde que se refiram a áreas de formação definidas em regulamento.

Em termos práticos, a manutenção do artigo 28, caput, e seus §§ 1º, 2º e 4º foi muito importante, pelo fato de que a entidade não corre o risco de perder a certificação se, por alguma razão de cálculo, não atingiu o percentual exigido de bolsas de estudos. O Termo de Ajuste de Gratuidade (TAG) não inviabiliza a existência da entidade, que compensará as bolsas não concedidas no exercício subsequente, o que é vantajoso para a política pública.

O terceiro veto rejeitado pelo Congresso foi o § 6º do art. 31, que assim dispõe:

> § 6º O limite estabelecido no § 5º deste artigo poderá ser excedido, desde que observados os seguintes termos:
> I – tenham termo de curatela do idoso;
> II – o usuário seja encaminhado pelo Poder Judiciário, pelo Ministério Público ou pelo gestor local do Suas; e III – a pessoa idosa ou seu responsável efetue a doação, de forma livre e voluntária.

A manutenção na lei do § 6º do art. 31 foi importante, pois a lei estabelece a permissão de eventual cobrança de participação da pessoa idosa abrigada no limite de 70% (setenta por cento) de qualquer benefício previdenciário ou benefício social percebido pelo idoso. Caso a entidade tenha o termo de curatela ou o usuário seja encaminhado ao abrigo pelas autoridades locais ou a pessoa idosa ou seu responsável efetue a doação, a entidade poderá exceder o limite imposto de setenta por cento.

E o último veto derrubado foi o § 2º do art. 40, assim:

> § 2º Aos requerimentos de concessão ou de renovação de certificação pendentes de decisão na data de publicação desta Lei Complementar aplicam-se as regras e as condições vigentes à época de seu protocolo.

O veto ao § 2º do art. 40 poderia atingir frontalmente princípios constitucionais (Art. 5º, XXXVI) de que a lei não prejudicará o direito adquirido, o ato jurídico perfeito e a coisa julgada. Até por questões práticas, os Ministérios certificadores julgarão os pedidos de concessão e renovação de CEBAS protocolados até a entrada em vigor da nova lei, com base na legislação anterior. Porém, há argumentos sobre a impossibilidade de aplicação das regras e condições vigentes à época do protocolo dos pedidos de concessão e renovação, pois tais requisitos foram considerados inconstitucionais pelo STF, além do mais a Lei 12.101/2009 foi integralmente revogada pelo art. 47, inciso II, da própria LC 187/2021. Por óbvio, aquilo que foi considerado inconstitucional pelo Supremo Tribunal Federal não poderá ser exigido.

No entanto, o STF não considerou inconstitucional a íntegra da lei. Por outro lado, com respeito a revogação integral da Lei 12.101.2009 pelo art. 47, II da LC 187/2021 é preciso ponderar que certas situações ocorridas antes da revogação de uma lei, ainda podem ter eficácia caso a lei revogadora expressamente assim o declare, como é o caso do § 2º do art. 40.

Interpretação nesse sentido pode ser extraída do magistério do jurista argentino Eugenio Bulygin, para quem uma norma revogada desaparece do sistema jurídico, mas não necessariamente do ordenamento jurídico, podendo ter aplicação em certas situações que devem ser analisadas nos casos específicos.[130]

3.7. Alteração da Lei Complementar (LC 187/2021) por lei ordinária do Prouni

Em 25 de maio de 2022, a Lei Complementar 187/2021, recebeu duas alterações promovidas pela Lei ordinária nº 14.350, fruto da conversão da Medida Provisória nº 1.075, de 2021. A nova lei modificou as Leis nºs 11.096, de 13 de janeiro de 2005, e 11.128, de 28 de junho de 2005, que regulam a sistemática de operação do Programa Universidade para Todos (Prouni).

Foram alterados os artigos 21 e 22 da referia Lei Complementar. O art. 21, na redação original, fazia referência ao art. 11 da Lei nº 11.096/2005 e foi alterado para fazer menção ao art. 11-A. Já o art. 22, na redação original, remetia ao art. 10 da Lei nº 11.096/2005 e a alteração se deu para fazer remissão ao art. 10-A.

[130] ALCHURRON, Carlos E.; BULYGIN, Eugenio. **Análisis lógico y Derecho. Tiempo y Validez**. Prólogo de George H. von Wright. Madrid. Centro de Estudios Constitucionales, 1991. p. 210 e 211.

A redação original do art. 21 da Lei Complementar 187/2021 era a seguinte:

> Art. 21. As entidades que atuam na educação superior e que aderiram ao Programa Universidade para Todos (Prouni), na forma do caput do art. 11 da Lei nº 11.096, de 13 de janeiro de 2005, deverão atender às condições previstas no caput e nos §§ 1º, 2º e 5º do art. 20 desta Lei Complementar.

Curioso notar que o art. 21, supra descrito, fazia menção ao art. 11 da Lei do Prouni, que foi revogado pelo art. 47, inciso I, da própria Lei Complementar. O revogado artigo 11 da Lei do Prouni, possuía a seguinte redação:

> Art. 11. As entidades beneficentes de assistência social que atuem no ensino superior poderão, mediante assinatura de termo de adesão no Ministério da Educação, adotar as regras do Prouni, contidas nesta Lei, para seleção dos estudantes beneficiados com bolsas integrais e bolsas parciais de 50% (cinqüenta por cento) ou de 25% (vinte e cinco por cento), em especial as regras previstas no art. 3º e no inciso II do caput e §§ 1º e 2º do art. 7º desta Lei, comprometendo-se, pelo prazo de vigência do termo de adesão, limitado a 10 (dez) anos, renovável por iguais períodos, e respeitado o disposto no art. 10 desta Lei, ao atendimento das seguintes condições:
> I – revogado
> II – revogado
> III – gozar do benefício previsto no § 3º do art. 7º desta Lei.
> § 1º Compete ao Ministério da Educação verificar e informar aos demais órgãos interessados a situação da entidade em relação ao cumprimento das exigências do Prouni, sem prejuízo das competências da Secretaria da Receita Federal e do Ministério da Previdência Social.

Já a Lei ordinária nº 14.350, de 25 de maio de 2022, regulou a matéria por meio do novo art. 11-A, assim redigido:

> Art. 11-A. As entidades beneficentes de assistência social que atuem no ensino superior poderão, mediante assinatura de termo de adesão estabelecido na forma do regulamento, adotar as regras do Prouni contidas nesta

> Lei, para seleção dos estudantes beneficiados com bolsas integrais e bolsas parciais de 50% (cinquenta por cento), em especial as regras previstas no art. 3º e no inciso II do **caput** e nos §§ 1º e 2º do art. 7º desta Lei, comprometendo-se, pelo prazo de vigência do termo de adesão, limitado a 10 (dez) anos, renovável por iguais períodos, e respeitado o disposto nos arts. 3º, 5º, 7º e 10-A desta Lei, ao atendimento das condições previstas na legislação específica para entidades beneficentes que atuem na área de educação. (Incluído pela Lei nº 14.350, de 2022)

A redação original e a nova redação, embora pareçam semelhantes, possuem importantes diferenças. Enquanto a original fala que a adesão é realizada perante o Ministério da Educação, a segunda determina que seja "estabelecida na forma de regulamento". Enquanto o artigo original estabelecia três tipos de bolsas: integrais, de 50% e de 25%, a nova redação do art. 11-A não traz a possibilidade de bolsas de 25%.

A redação do artigo 11, remete às regras previstas no art. 3º e no inciso II do caput e §§ 1º e 2º do art. 7º, enquanto a redação do 11-A, remete ao disposto nos arts. 3º, 5º, 7º e 10-A.

Por sua vez, o art. 22 da Lei Complementar, possuía a seguinte redação original:

> Art. 22. As entidades que atuam na educação superior e que não tenham aderido ao Prouni na forma do art. 10 da Lei nº 11.096, de 13 de janeiro de 2005, deverão conceder anualmente bolsas de estudo na proporção de 1 (uma) bolsa de estudo integral para cada 4 (quatro) alunos pagantes.

A nova redação do art. 22 da Lei Complementar passou a fazer referência ao art. 10-A da Lei do Prouni, até então inexistente nessa lei, acrescentado pela nova Lei nº 14.350/2022. O artigo 10 não foi revogado, e possui a seguinte redação:

> Art. 10. A instituição de ensino superior, ainda que atue no ensino básico ou em área distinta da educação, somente poderá ser considerada entidade beneficente de assistência social se oferecer, no mínimo, 1 (uma) bolsa de estudo integral para estudante de curso de graduação ou seqüencial de formação específica, sem diploma de curso superior, enquadrado no § 1º do art.

> 1º desta Lei, para cada 9 (nove) estudantes pagantes de cursos de graduação ou seqüencial de formação específica regulares da instituição, matriculados em cursos efetivamente instalados, e atender às demais exigências legais. [131]

Com a alteração no art. 22 da Lei Complementar, as entidades que atuam no ensino superior somente serão consideradas beneficente de assistência social se cumprirem o art. 10-A, *verbis*:

> Art. 10-A. A instituição de ensino superior, ainda que atue no ensino básico ou em área distinta da educação, somente poderá ser considerada entidade beneficente de assistência social se respeitar as condições previstas na legislação específica para entidades beneficentes que atuem na área de educação, caso em que poderá gozar do benefício previsto no § 3º do art. 7º desta Lei.

Está claro pela dicção do art. 10-A que as entidades de nível superior devem respeitar as condições previstas na legislação específica para entidades beneficentes que atuem na área de educação, no caso a Lei Complementar 187/2021.

No entanto, em diversos outros pontos, que não são objeto deste trabalho, as regras do Prouni se tornaram, na prática, incompatíveis com a Lei Complementar.

Como exemplo, podemos citar que a Lei do Prouni obriga a concessão de bolsas integrais na proporção de 1 por 5 ou 1 por 9 em todos os cursos, todos os turnos e todas as unidades de ensino, quando a Lei Complementar admite o cumprimento do quantitativo de bolsas não estritamente em cada unidade, estabelecendo a regra de no mínimo uma bolsa integral para cada 25 alunos em cada unidade (§ 3º, do art. 22).

A Lei do 11.096/2005 restringe a concessão de bolsas pela própria entidade fora do sistema Prouni. A instituição pode ofertar bolsas próprias apenas em raríssimas exceções e somente com permissão do Minis-

[131] O vocábulo "sequencial" está grafado com trema na redação original da Lei 11.096/2005, promulgada em 13 de janeiro de 2005, antes, portanto, da entrada em vigor do Acordo Ortográfico da Língua Portuguesa, Decreto nº 6.583, de 29 de setembro de 2008, que produziu efeitos a partir de 1º de janeiro de 2009 e, dentre as alterações, aboliu este sinal gráfico.

tério da Educação (MEC). Como o MEC libera as bolsas Prouni com base em estimativa de vagas, sujeita a alteração por depender da procura ou não do aluno pelos cursos ofertados, a instituição de nível superior acaba prejudicada, pois não consegue preencher via Prouni o quantitativo mínimo exigido pela Lei Complementar e acaba não tendo autorização do MEC para ofertar bolsas próprias na época correta das matrículas, o que redundará em perda da imunidade.

É verdade que a Lei Complementar 187/2021 não obriga a adesão ao Prouni pelas entidades beneficentes. No entanto, o art. 22 estabelece uma espécie de "penalidade" para aquelas que não firmarem termo de adesão: elas são obrigadas a conceder uma bolsa integral para cada 4 (quatro) alunos pagantes, e não para 5 (cinco) alunos. É uma discriminação, a nosso sentir, inaceitável, criada para desestimular a não adesão ao programa.

Diante das alterações acima descritas promovidas pela nova Lei 14.350/2022, que modificaram significativamente a sistemática de operação do Prouni pelas entidades beneficentes, e diante da incontroversa decisão do STF da exigência de lei complementar para fixação de contrapartidas, temos que tais alterações padecem do vício de inconstitucionalidade formal, uma vez que a matéria tratada na alteração é do campo de atuação que exige lei complementar.

3.8. O Decreto de regulamentação da Lei complementar 187/2021

A Lei Complementar 187/2021 foi regulamentada por meio do Decreto nº 11.791, de 21 de novembro de 2023 (DOU 22/11/2023).[132]

A demora de quase dois anos entre a promulgação da Lei e a promulgação do Decreto trouxe insegurança jurídica tanto para as entidades como para os Ministérios Certificadores. Uma das principais razões é que a Lei Complementar, com 48 (quarenta e oito) artigos, remete expressamente ao regulamento 24 (vinte e quatro) disposições, sem as quais é impossível que as entidades cumpram integralmente os requisitos certificadores.

[132] BRASIL. **Decreto 11.791, de 21 de novembro de 2023**. Disponível em: https://www.planalto.gov.br/ccivil_03/_Ato2023-2026/2023/Decreto/D11791.htm. Acesso em: 18 fev. 2024.

Ou seja, exatamente a metade da Lei ficou dependente de esclarecimentos e pormenores que somente a regulamentação poderia definir. Sem contar que cada Ministério certificador ainda terá que explicitar os detalhes do Decreto por meio de Portarias setoriais, o que demandará mais tempo de insegurança.

Enquanto a Lei Complementar possui os já mencionados 48 artigos, o Decreto 11.791/2023 contém quase o dobro: 94 artigos e um anexo. O próprio Decreto, por exemplo, atento à dificuldade sobre o período de transição, estabelece a prorrogação da validade dos certificados vigentes até 31 de dezembro do ano subsequente ao da atual vigência (art. 85, § 1º).

O art. 87 concede prazo de 90 dias após a promulgação do Decreto (até 20 de fevereiro de 2024) para que as entidades façam juntada de documentos complementares (certidões negativas de débitos, estatutos atualizados, balanços segregados, entre outros), nos processos de pedidos de concessão e renovação de certificados que foram protocolados pelas entidades no intervalo de 17 de dezembro de 2021 a 21 de novembro de 2023 (art. 87).

O prazo para complementação de documentos permitida pelo art. 87, numa análise sistemática do Decreto, só pode ser voluntário, pois esta exceção não substitui as necessárias diligências solicitando informações e documentos que a lei determina ser de responsabilidade dos Ministérios.

Outro ponto que o Decreto buscou contemplar, mas não resolveu inteiramente, foi o dilema envolvendo a questão do Programa Universidade para Todos (Prouni).

Conforme destacado no item 3.7, as alterações no art. 22 da Lei Complementar 187/2021 introduzidas pela Lei nº 14.250/2022, gerou instabilidade e dificuldade das Instituições de Educação Superior (IES) beneficentes cumprirem os requisitos da Lei do Cebas em harmonia com a Lei do Prouni.

O decreto buscou encontrar uma solução para a permanência das IES beneficentes no Prouni com a redação do § 7º, incisos I e II do art. 60, permitindo o preenchimento das bolsas faltantes com alunos bolsistas fora do sistema Prouni, da seguinte forma:

> § 7º Esgotadas as etapas de preenchimento de bolsas de estudo de acordo com as regras do Prouni, as entidades beneficentes que ainda não tiverem

> cumprido o quantitativo de bolsas de estudo previsto neste artigo poderão, desde que respeitados a proporção mínima de bolsas integrais de que trata o inciso I do § 2º e os critérios socioeconômicos previstos nos incisos I e II do **caput** do art. 51, preencher as bolsas faltantes:
> I – em quaisquer vagas de cursos de graduação ou sequenciais de formação específica, sem vínculo com o Prouni; ou
> II – por meio de sua substituição por benefícios aos alunos bolsistas do Prouni, observado o disposto no § 4º.

O Decreto não altera a lei, como jamais poderia fazer, mas busca separar os requisitos de cada política pública. Conforme a Lei, somente serão aceitas as bolsas de estudo no âmbito do sistema Prouni e ponto final. No entanto, se a IES beneficente ofertou, mas não conseguiu atender ao quantitativo mínimo do programa, poderá ofertar por fora, conforme as regras do § 7º do art. 60.

Mesmo com o permissivo do § 7º, as dúvidas persistem entre as IES, se devem ofertar no percentual 1/5 (uma bolsa integral para cada cinco alunos pagantes) ou 1/9 (uma bolsa para cada nove alunos pagantes). A Lei e o Decreto não esclarecem se para a oferta 1/5 ou 1/9 a IES deverá tomar como base de cálculo o quantitativo de bolsas Prouni já existentes. Esta interpretação, para ser validada com segurança, dependerá de outras decisões internas do Ministério da Educação com a edição de Portarias e ajustes em Editais do Prouni. A insegurança, portanto, persiste.

Conforme destacado no item 3.7, com a alteração no art. 22 da Lei Complementar, as entidades que atuam no ensino superior somente serão consideradas beneficente de assistência social se cumprirem o art. 10-A, *verbis*:

> Art. 10-A. A instituição de ensino superior, ainda que atue no ensino básico ou em área distinta da educação, somente poderá ser considerada entidade beneficente de assistência social se respeitar as condições previstas na legislação específica para entidades beneficentes que atuem na área de educação, caso em que poderá gozar do benefício previsto no § 3º do art. 7º desta Lei.

E a clara dicção do art. 10-A é que as entidades de nível superior devem respeitar as condições previstas na legislação específica para entidades beneficentes que atuem na área de educação, no caso a Lei Complementar 187/2021, que a nosso ver, deveria ser ajustada neste ponto em futuro Projeto de Lei.

Numerosas outras situações específicas podem desaguar em discussões perante o Poder Judiciário. Como exemplo podemos citar: qual o tratamento a ser aplicado a situações ocorridas no lapso temporal sem regulamentação (17/12/2021 – promulgação da lei – a 22/11/2023 – promulgação do decreto? Ou seja, de que forma os Ministério certificadores irão auditar os exercícios fiscais de 2022 e 2023? Sobre o tratamento a ser aplicado ao lapso temporal sem regulamentação, entre 17/12/2021 (promulgação da Lei) a 22/11/2023 (promulgação do Decreto), ou seja, especificamente nos exercícios fiscais de 2022 e 2023, o que, eventualmente, pode desaguar em discussões no Poder Judiciário.

3.9. A inconstitucionalidade das contrapartidas econômico-financeiras

A nova Lei Complementar 187/2021, *prima facie*, não possui grandes diferenças do texto da lei ordinária anterior, a Lei 12.101/2009.

Ademais dos requisitos que já são estabelecidos pelo Código Tributário Nacional, a lei vai além, exigindo cumprimento de metas financeiras de gratuidade que devem ser concedidas pelas entidades de saúde e educação, além de estabelecer total gratuidade sem qualquer participação do usuário para as entidades de assistência social, com exceção pequena da participação do idoso abrigado em casa lar ou instituição de longa permanência. Resumidamente, a seguir estão elencadas as contrapartidas:

a) Saúde

No tocante aos requisitos que envolvem contrapartida de caráter econômico e financeiro a lei estabelece a entidade de saúde é obrigada a firmar convênio com o Sistema Único de Saúde e atender o SUS no percentual de 60% de sua capacidade (art. 9º). Caso não haja interesse do SUS na aquisição do serviço, a entidade é obrigada a prestar atendimento gratuito no percentual de 20% da receita de acordo com contrato firmado com o gestor local (art. 12, I).

b) Educação

A entidade de educação deve conceder bolsas de estudos integralmente gratuitas no percentual de uma bolsa para cada cinco alunos pagantes (art. 20), como o mínimo exigido, podendo conceder bolsas integrais no percentual de uma bolsa integral para cada 9 (nove) alunos pagantes e completar com bolsas de 50% para atingir o mínimo estabelecido de uma bolsa a cada cinco alunos pagantes. Exemplo: A entidade pode escolher conceder somente bolsas integrais. Nesse caso, o percentual aplicado é de uma bolsa integral para cada cinco alunos pagantes. Ou pode optar por conceder uma bolsa integral para cada nove alunos pagantes, e complementar a meta de um por cinco, com duas bolsas parciais de 50% (cinquenta por cento) para as bolsas faltantes.

Os mesmos percentuais são exigidos das entidades de educação do nível superior que devem aderir ao Programa Universidade para Todos – Prouni (art. 21). Para as entidades que não aderiram ao Prouni o percentual mínimo é a concessão de uma bolsa integral para cada 4 (quatro) alunos pagantes (art. 22).

c) Assistência Social

Na área de assistência social, todos os serviços prestados devem ser inteiramente gratuitos (art. 29), obedecendo requisitos da LOAS (Lei 8.742/93), com a exceção já mencionada sobre a participação dos idosos abrigados.

Portanto, temos acima, resumidamente, as contrapartidas que envolvem requisitos de caráter econômico e financeiro, que os Ministérios certificadores devem aferir se as entidades cumpriram ou não, além de outras inúmeras formalidades, para deferir ou indeferir a concessão ou renovação do CEBAS, o qual permite que a entidade mantenha a imunidade das contribuições sociais.

Observamos que tais contraprestações abrem espaço para questionamento junto ao Supremo Tribunal Federal, por inconstitucionalidade, seja porque podem ser consideradas exorbitantes e irrazoáveis, seja porque estabelecem barreiras e obstáculos para a fruição da imunidade. Um olhar criterioso sob o ponto de vista tributário, tais contrapartidas apresentam a lógica de isenção e não de imunidade.

Com o pensamento exposto por Roque Carrazza de que "criar tributos só a lei pode; e violar imunidade tributária, nem ela pode" [133], nos tópicos seguintes serão apresentados, a nosso ver, pontos que podem ser considerados violações à imunidade tributária no bojo da Lei Complementar 187/2021.

3.10. A imunidade das contribuições sociais das entidades beneficentes

Como já exposto em tópicos anteriores, a imunidade tributária é um fenômeno de natureza constitucional. Não é objetivo do presente trabalho se demorar sobre a já pacificada imunidade tributária relativa a **impostos** das instituições de educação e de assistência social (art. 150, VI, letra c, da CF), mas lançar um facho de luz sobre a imunidade das **contribuições** sociais previstas no art. 195, § 7º da Carta Magna para as denominadas entidades beneficentes de assistência social.

Conforme já abordamos, diferente das isenções, as imunidades são autênticas garantias estabelecidas na Constituição Federal para que determinadas pessoas, em suas atividades, não sofram tributação em razão de realizarem serviços considerados pelo constituinte originário de relevância para a sociedade, como saúde, educação, assistência social, ou atividades relativas à liberdade religiosa ou liberdade de expressão.

Como se sabe, é a Constituição de 1988 que inaugura no sistema tributário a categoria de tributos denominada de "contribuição", dentre elas as contribuições sociais para o financiamento da Seguridade Social.

Já discorremos anteriormente sobre a expressão "são isentas" contida no § 7º do art. 195, que na verdade o STF já mandou interpretar como "são imunes". Não há qualquer dúvida sobre esta posição no mundo jurídico. Assim como também não resta mais qualquer objeção de que a expressão "lei" no mesmo parágrafo sétimo quer dizer "lei complementar". Ainda que o STF tenha demorado 20 anos para encerrar o debate.

[133] Carrazza, Roque Antonio. **Fórum Nacional de Instituições Filantrópicas** – FONIF – PEC 287/2016 Sua não-repercussão nas imunidades tributárias contempladas nos arts. 150, VI, C, e 195, § 7º, da CF – Questões Conexas. Disponível em: https://fonif.org.br/wp-content/uploads/2020/06/Fonif-Roque-Carrazza-Filantropicas-derrogacao-de-imunidade-impossibilidade-juridica-2017-1.pdf. p. 14. Acesso em: 06 abr. 2022.

Portanto, não há mais questionamento de que o § 7º do art. 195 da Constituição Federal veicula regra imunizante, que não pode ser destruída nem pela lei, nem, muito menos, por seu aplicador. Nas palavras de Roque Antonio Carrazza:

> De fato, se nem a lei pode anular ou restringir as situações de imunidade contempladas na Constituição, por muito maior razão (argumento a fortiori) não o poderão fazer o exegeta e o aplicador das normas tributárias. Em suma, criar tributos, só a lei pode; violar imunidades tributárias, nem ela pode.[134]

Roque Antonio Carrazza, igualmente, alega não haver dúvidas de que tanto o art. 150, ao se referir aos impostos, como o art. 195, ao se referir às contribuições, tratam do mesmo instituto, ou seja, a imunidade tributária.

> Realmente, enquanto o art. 150, VI, *c*, da Constituição Federal, ao aludir às instituições de assistência social, faz menção ao "*patrimônio, renda ou serviços*", o art. 195, § 7º, do mesmo Diploma, silencia a respeito, o que *de per se* indica que a imunidade das entidades beneficentes de assistência social tem uma abrangência maior.
>
> De qualquer modo, repisamos que são *imunes* "*de contribuição para a seguridade social as entidades beneficentes de assistência social que atendam às exigências estabelecidas em lei*".
>
> Não resta dúvida de que a imunidade em foco visa a favorecer as entidades que, seguindo os mesmos rumos do Estado, prestam desinteressadamente assistência social às pessoas. Para tanto, foi-lhes assegurado, pela própria Constituição, que não sofreriam a incidência de contribuições para a seguridade social.".[135]

Para o professor, na medida em que o art. 194 da CF estabelece que a sociedade deve se unir aos Poderes Públicos, com eles colaborando, sem intuito econômico, para a seguridade social, "seria rematado con-

[134] Carrazza, op. cit., p 36-37.
[135] Carrazza, op. cit., p.36-37.

trassenso retirar recursos das entidades beneficentes que nelas investem todos os seus recursos".[136]

Para Carraza, a doutrina e a jurisprudência deixam claro que a imunidade alcança todas as contribuições para a seguridade social e não, apenas, as "contribuições previdenciárias". [137]

E sobre a exigência de lei complementar estabelecida no art. 195, § 7º, a lei é o Código Tributário Nacional.

> Consignamos, sempre a respeito, que as exigências estabelecidas em lei são as indicadas no já mencionado art. 14, do *CTN*. Portanto, as entidades beneficentes, para terem jus à imunidade em questão, não devem distribuir seu patrimônio ou renda, precisam aplicar integralmente no País seus rendimentos, e carecem de manter, em livros próprios, a escrituração adequada de suas receitas e despesas.
> Estes preceitos bastam para dilucidar os requisitos, postos na Constituição, para que as entidades beneficentes de assistência social usufruam da imunidade tributária em estudo: ausência de fins lucrativos e consecução de suas finalidades essenciais.[138]

A discussão não é nova, uma vez que remonta às tentativas de mudanças no art. 55, da Lei 9.732/1998, que impôs a total gratuidade na prestação de serviços, mas foi rejeitada pelo Supremo Tribunal.

Luiz Eduardo Schoueri sublinhou que os requisitos do Código Tributário Nacional são os únicos requisitos que as entidades devem cumprir a fim de fruir a imunidade tributária:

[136] Carrazza, op. cit., p.37

[137] "Oportuno asseverar, nesse passo, que a imunidade em questão alcança todas as contribuições para a seguridade social e não, apenas, as "*contribuições previdenciárias*". Vale, portanto, para a *COFINS* (contribuição para o custeio da seguridade social), a contribuição para o *PIS/PASEP*, a *CSLL* (contribuição social sobre o lucro líquido), as contribuições a que aludem os arts. 22 e 23, da Lei nº 8.212/1991 etc. Não colhe a eventual objeção de que, no texto constitucional, está simplesmente escrito "*contribuição para a seguridade social*" e, portanto, o emprego desta expressão no plural, é pura especulação dos interessados em dilargar o campo da imunidade em tela. Tal entendimento não se sustenta, em face da interpretação sistemática dos dispositivos acima citados e do próprio *preâmbulo* da Carta Suprema.". Carrazza, op. cit., p. 38.

[138] Carrazza, op. cit., p. 39.

Importa esclarecer, neste ponto, que esses são os únicos requisitos que devem ser observados para que se goze a imunidade. Não pode lei ordinária apresentar outros requisitos, já que, uma vez cumpridos os da lei complementar (CTN), a entidade já está imune, por mandamento constitucional, a qualquer interferência do poder tributante ordinário. [139]

Os requisitos colocados pela nova Lei Complementar 187/2021, a nosso sentir, desnaturam o gozo das imunidades tributárias, e criaram óbices que, na prática, podem inviabilizar a operação das entidades beneficentes.

Ives Gandra afirma que:

> A lei complementar pode apenas explicitar o conteúdo constitucional, conforme explicou aquele que, talvez, tenha sido a maior figura da história da suprema corte, o ministro Moreira Alves, ao dizer: "Mas o ministro Soares Muñoz não decidiu isso. Ele não estava tratando aqui de saber ser era lei complementar ou não era lei complementar. Tanto que ele disse o seguinte: Esse decreto-lei, anterior à Constituição Federal em vigor não pode, no particular, ser aplicado. Porque ele impõe uma restrição à imunidade, a qual não se confunde com a isenção; uma restrição que não está no texto constitucional". Isso significa dizer o que? Dizer: "Nem lei complementar, nem lei nenhuma, pode impor uma restrição a uma imunidade que decorre da Constituição". E, a meu ver, está absolutamente correto. Porque não é possível se admitir que uma lei complementar, ainda que a Constituição diga que ela pode regular limitações à competência tributária, possa aumentar restrições a essa competência. Ela pode é regulamentar. – Se é que há o que regulamentar, em matéria de imunidade, no sentido de ampliá-la ou reduzi-la. Porque isso decorre estritamente da Constituição. Quando se diz, por exemplo, "para atender às suas finalidades essenciais", não é a lei que vai dizer quais são as finalidades essenciais. Quem vai dizer quais são as finalidades essenciais é a interpretação da própria constituição. Porque a Constituição não se interpreta por lei infraconstitucional, mas a lei infraconstitucional é que se interpreta pela Constituição. De modo que, obviamente, tanto fazia ser lei complementar,

139 SCHOUERI, Luis Eduardo, **Direito Tributário**. Editora Saraiva, São Paulo, 2011, pp. 397/398

como ser lei ordinária, como ser decreto-lei, enfim, qualquer tipo de norma infraconstitucional. O Ministro Soares Muñoz não estava dizendo: "Não. Não pode, porque é lei complementar". Mas dizia: "Esse decreto-lei impõe uma restrição que não está no texto constitucional". [140]

3.11. Pontos controvertidos da nova Lei Complementar 187/2021

Como demonstrado anteriormente, a imunidade tributária é fenômeno de natureza constitucional. A Constituição, ao estabelecer a imunidade, está a indicar a incompetência das pessoas políticas para legislarem acerca das pessoas e dos fatos tidos por imunes. Portanto, os casos de imunidade estão todos definidos na própria Constituição Federal. As normas infraconstitucionais não possuem diretrizes sobre imunidade. Elas podem apenas aclarar o assunto já esgotado pelo legislador constituinte.

> A lei complementar não cria limitações que já não existam na Constituição, não restringe, nem dilata o campo por ela determinado. Completa e esclarece as disposições relativas à limitação, facilitando sua execução de acordo com os fins que inspiraram o legislador constituinte. [141]

As imunidades tornam inconstitucionais as leis, sejam ordinárias ou complementares, que as desafiam ou as contornem com imposição de compensações financeiras ou econômicas. Nem mesmo Emenda Constitucional pode anular ou restringir as situações de imunidade contempladas pelo constituinte originário.

Como conclusão não restam dúvidas de que a imposição de contrapartidas de caráter econômico e financeiro para justificar a imunidade das entidades beneficentes e "compensar" o não pagamento de tributos, é uma restrição inaceitável sob o ponto de vista constitucional. Em nosso entender, podem estar inquinados com o vício de inconstitucionalidade os seguintes pontos:

[140] Martins. Ives Gandra (Coord.). **Pesquisas Tributárias** – Nova Série 5, Processo Administrativo Tributário. 2.ed. São Paulo: Coed. Centro de Extensão Universitária/Ed. RT, 2001. p. 31-32.

[141] Baleeiro, Aliomar. **Direito Tributário Brasileiro**. 11ª. Ed. Atualizada por Misabel Abreu Machado Derzi. Rio de Janeiro. Forense, 1999, p. 106-107

a) Art. 9º.[142] Este é o primeiro artigo da Subseção II, que trata da prestação de serviços ao Sistema Único de Saúde (SUS). O artigo impõe a celebração de contrato, convênio ou instrumento congênere com o gestor do SUS, e estabelece a obrigatoriedade de comprovação pela entidade de saúde, de atendimento de percentual mínimo de 60% (sessenta por cento) da prestação de serviços com base nas internações e nos atendimentos ambulatoriais.
b) Art. 10.[143] A entidade é obrigada a informar a totalidade das internações e dos atendimentos ambulatoriais, realizados aos pacientes atendidos pelo SUS e aos não usuários do SUS.

142 Art. 9º Para ser certificada pela prestação de serviços ao SUS, a entidade de saúde deverá, nos termos de regulamento: I – celebrar contrato, convênio ou instrumento congênere com o gestor do SUS; e II – comprovar, anualmente, a prestação de seus serviços ao SUS no percentual mínimo de 60% (sessenta por cento), com base nas internações e nos atendimentos ambulatoriais realizados.§ 1º A prestação de serviços ao SUS de que trata o inciso II do caput deste artigo será apurada por cálculo percentual simples, com base no total de internações hospitalares, medidas por paciente por dia, incluídos usuários do SUS e não usuários do SUS, e no total de atendimentos ambulatoriais, medidos por número de atendimentos e procedimentos, de usuários do SUS e de não usuários do SUS, com a possibilidade da incorporação do componente ambulatorial do SUS, nos termos de regulamento.
§ 2º O atendimento do percentual mínimo de que trata o inciso II do caput deste artigo poderá ser individualizado por estabelecimento ou pelo conjunto de estabelecimentos de saúde da pessoa jurídica, desde que não abranja outra entidade com personalidade jurídica própria que seja por ela mantida.
§ 3º Para fins do disposto no § 2º deste artigo, no conjunto de estabelecimentos de saúde da pessoa jurídica, poderá ser incorporado estabelecimento vinculado em decorrência de contrato de gestão, no limite de 10% (dez por cento) dos seus serviços.
§ 4º Para fins do disposto no inciso II do caput deste artigo, a entidade de saúde que aderir a programas e a estratégias prioritárias definidas pela autoridade executiva federal competente fará jus a índice percentual que será adicionado ao total de prestação de seus serviços ofertados ao SUS, observado o limite máximo de 10% (dez por cento).
§ 5º A entidade de saúde que presta serviços exclusivamente na área ambulatorial deverá observar o disposto nos incisos I e II do caput deste artigo e comprovar, anualmente, a prestação dos serviços ao SUS no percentual mínimo de 60% (sessenta por cento).
143 Art. 10. A entidade de saúde deverá informar obrigatoriamente, na forma estabelecida em regulamento: I – a totalidade das internações e dos atendimentos ambulatoriais realizados para os pacientes não usuários do SUS; e II – a totalidade das internações e dos atendimentos ambulatoriais realizados para os pacientes usuários do SUS.

c) Art. 11.[144] O artigo traz a imposição de atendimento de 60% (sessenta por cento) quando da avaliação do pedido de renovação do certificado de entidade beneficente.
d) Art. 12.[145] O artigo exige o cumprimento de 20% (vinte por cento) da receita efetivamente recebida pela prestação de serviços aos SUS, quando não houver interesse de contratação pelo gestor local do SUS.
e) Art. 13.[146] O artigo impõe a pactuação com o gestor local do SUS, remetendo a regulamento o rol de atividades que deverão ser realizadas.

[144] Art. 11. Para os requerimentos de renovação da certificação, caso a entidade de saúde não cumpra o disposto no inciso II do caput do art. 9º desta Lei Complementar, no exercício fiscal anterior ao exercício do requerimento, será avaliado o cumprimento do requisito com base na média da prestação de serviços ao SUS de que trata o referido dispositivo, atendido pela entidade, durante todo o período de certificação em curso, que deverá ser de, no mínimo, 60% (sessenta por cento). Parágrafo único. Para fins do disposto no caput deste artigo, apenas será admitida a avaliação caso a entidade tenha cumprido, no mínimo, 50% (cinquenta por cento) da prestação de serviços ao SUS de que trata o inciso II do caput do art. 9º desta Lei Complementar em cada um dos anos do período de certificação.

[145] Art. 12. Para ser certificada pela aplicação de percentual de sua receita em gratuidade na área da saúde, a entidade deverá comprovar essa aplicação da seguinte forma: I – 20% (vinte por cento), quando não houver interesse de contratação pelo gestor local do SUS ou se o percentual de prestação de serviços ao SUS for inferior a 30% (trinta por cento); II – 10% (dez por cento), se o percentual de prestação de serviços ao SUS for igual ou superior a 30% (trinta por cento) e inferior a 50% (cinquenta por cento); ou III – 5% (cinco por cento), se o percentual de prestação de serviços ao SUS for igual ou superior a 50% (cinquenta por cento). § 1º A receita prevista no caput deste artigo será a efetivamente recebida pela prestação de serviços de saúde. § 2º Para as entidades que não possuam receita de prestação de serviços de saúde, a receita prevista no caput deste artigo será a proveniente de qualquer fonte cujo montante do dispêndio com gratuidade não seja inferior à imunidade de contribuições sociais usufruída. § 3º A prestação de serviços prevista no caput deste artigo será pactuada com o gestor local do SUS por meio de contrato, de convênio ou de instrumento congênere.

[146] Art. 13. Será admitida a certificação de entidades que atuem exclusivamente na promoção da saúde sem exigência de contraprestação do usuário pelas ações e pelos serviços de saúde realizados e pactuados com o gestor do SUS, na forma prevista em regulamento. § 1º A execução de ações e de serviços de promoção da saúde será previamente pactuada por meio de contrato, de convênio ou de instrumento congênere com o gestor local do SUS.

f) § 1º, do art. 14.[147] O § 1º do art. 14 condiciona o gozo da imunidade ao dispêndio de recursos em gratuidade nunca inferior ao valor da imunidade das contribuições sociais usufruída, o que caracteriza a obrigação de fazer em lugar da obrigação de pagar, vedada pelo STF no julgamento da ADI 2545-7.

g) Art. 15, I.[148] O inciso I do art. 15, igualmente, condiciona a fruição da imunidade à proibição em atendimentos ambulatoriais superio-

§ 2º Para efeito do disposto no caput deste artigo, são consideradas ações e serviços de promoção da saúde as atividades direcionadas para a redução de risco à saúde, desenvolvidas em áreas como:
I - nutrição e alimentação saudável;
II - prática corporal ou atividade física;
III - prevenção e controle do tabagismo;
IV - prevenção ao câncer;
V - prevenção ao vírus da imunodeficiência humana (HIV) e às hepatites virais;
VI - prevenção e controle da dengue;
VII - prevenção à malária;
VIII - ações de promoção à saúde relacionadas à tuberculose e à hanseníase;
IX - redução da morbimortalidade em decorrência do uso abusivo de álcool e de outras drogas;
X - redução da morbimortalidade por acidentes de trânsito;
XI - redução da morbimortalidade nos diversos ciclos de vida;
XII - prevenção da violência;

[147] Art. 14.
§ 1º O recurso despendido pela entidade de saúde com projeto de apoio e desenvolvimento institucional do SUS não poderá ser inferior ao valor da imunidade das contribuições sociais usufruída.
§ 2º Regulamento definirá os requisitos técnicos para reconhecimento de excelência das entidades de saúde.

[148] Art. 15. As entidades de saúde de reconhecida excelência que desenvolvam projetos no âmbito do Proadi-SUS poderão, após autorização da autoridade executiva federal competente, firmar pacto com o gestor local do SUS para a prestação de serviços ambulatoriais e hospitalares ao SUS não remunerados, observadas as seguintes condições:
I - o gasto com a prestação de serviços ambulatoriais e hospitalares ao SUS não remunerados não poderá ultrapassar 30% (trinta por cento) do valor usufruído com imunidade das contribuições sociais;
II - a entidade de saúde deverá apresentar a relação de serviços ambulatoriais e hospitalares a serem ofertados, com o respectivo demonstrativo da projeção das despesas e do referencial utilizado, os quais não poderão exceder o valor por ela efetivamente despendido;

res a 30% (trinta por cento) da imunidade das contribuições sociais usufruídas, estabelecendo obrigação de fazer como condição para a obtenção da condição de imune pela entidade. Os incisos II e III, que regulam o modo da prestação de contas relativo ao inciso I, igualmente, podem ser questionados como inconstitucionais.

h) Art. 16, § 1º, § 2º, § 3º, § 4º e 5º [149]. O art. 16 e seus parágrafos regulam a maneira em que as demonstrações contábeis devem comprovar a aplicação dos recursos despendidos pela entidade, que não poderão ser inferiores ao valor das contribuições para a seguridade social que deveriam ser recolhidos caso a entidade não fosse imune, o que configura uma transação entre o Estado e as entidades, incompatível com o princípio que rege a imunidade tributária.

III – a comprovação dos custos a que se refere o inciso II deste caput poderá ser exigida a qualquer tempo, mediante apresentação dos documentos necessários;
IV – a entidade de saúde deverá informar a produção na forma estabelecida em regulamento, com observação de não geração de créditos.

[149] Art. 16. O valor dos recursos despendidos e o conteúdo das atividades desenvolvidas no âmbito dos projetos de apoio ao desenvolvimento institucional do SUS ou da prestação de serviços previstos no art. 15 desta Lei Complementar deverão ser objeto de relatórios anuais encaminhados à autoridade executiva federal competente para acompanhamento e fiscalização, sem prejuízo das atribuições dos órgãos de fiscalização tributária.
§ 1º Os relatórios previstos no caput deste artigo deverão ser acompanhados de demonstrações contábeis e financeiras submetidas a parecer conclusivo de auditoria independente, realizada por instituição credenciada perante o Conselho Regional de Contabilidade.
§ 2º O cálculo do valor da imunidade prevista no § 1º do art. 14 desta Lei Complementar será realizado anualmente com base no exercício fiscal anterior.
§ 3º Em caso de requerimento de concessão da certificação, o recurso despendido pela entidade de saúde no projeto de apoio não poderá ser inferior ao valor das contribuições para a seguridade social referente ao exercício fiscal anterior ao do requerimento.
§ 4º Caso os recursos despendidos nos projetos de apoio institucional não alcancem o valor da imunidade usufruída, na forma do § 2º deste artigo, a entidade deverá complementar a diferença até o término do prazo de validade de sua certificação.
§ 5º O disposto no § 4º deste artigo alcança somente as entidades que tenham aplicado, no mínimo, 70% (setenta por cento) do valor usufruído anualmente com a imunidade nos projetos de apoio ao desenvolvimento institucional do SUS.

i) Art. 19, § 1º, I e II.[150] O art. 19 é o segundo artigo da Seção III, que trata da Educação, estabelece critérios para fazer jus à imunidade, como a exigência de concessão de bolsas nos percentuais de 100% e de 50% de acordo com corte de renda do estudante. Implicitamente, o quantitativo mínimo de uma bolsa integral para cada cinco alunos pagantes, representa um dispêndio financeiro pelas entidades equivalente a 20% (vinte por cento) de sua receita com anuidades escolares. Trata-se de forma indireta de compensação pelo não recolhimento das contribuições, o que pode ser considerado uma forma de se contornar os princípios da imunidade. Como consequência os demais incisos do art. 19, como acessórios do principal, padecem, igualmente, do vício da inconstitucionalidade.
j) Art. 20, § 1º, I e II.[151] O artigo citado determina que, para fazer jus à imunidade tributária, a entidade educacional deve conceder bolsas de estudos na proporção de uma bolsa integral para cada cinco alunos pagante. Na sequência estabelece percentuais caso a entidade escolar escolha conceder bolsas de 50%. As exigências do art. 20 possuem as mesmas razões de inconstitucionalidade do art. 19.

150 Art. 19. As entidades que atuam na área da educação devem comprovar a oferta de gratuidade na forma de bolsas de estudo e de benefícios.
§ 1º As entidades devem conceder bolsas de estudo nos seguintes termos:
I – bolsa de estudo integral a aluno cuja renda familiar bruta mensal per capita não exceda o valor de 1,5 (um inteiro e cinco décimos) salário mínimo;
II – bolsa de estudo parcial com 50% (cinquenta por cento) de gratuidade a aluno cuja renda familiar bruta mensal per capita não exceda o valor de 3 (três) salários mínimos.

151 Art. 20. A entidade que atua na educação básica deverá conceder, anualmente, bolsas de estudo na proporção de 1 (uma) bolsa de estudo integral para cada 5 (cinco) alunos pagantes.
§ 1º Para o cumprimento da proporção estabelecida no caput deste artigo, a entidade poderá oferecer, em substituição, bolsas de estudo parciais, observadas as seguintes condições:
I – no mínimo, 1 (uma) bolsa de estudo integral para cada 9 (nove) alunos pagantes; e
II – bolsas de estudo parciais com 50% (cinquenta por cento) de gratuidade, para o alcance do número mínimo exigido, mantida a equivalência de 2 (duas) bolsas de estudo parciais para cada 1 (uma) bolsa de estudo integral.

k) Art. 21.[152] O art. 21 trata das entidades de nível superior que aderiram ao Prouni e determina expressamente que tais entidades "deverão atender às condições previstas no *caput* e nos §§ 1º, 2º e 5º do art. 20 desta Lei Complementar.". O mencionado art. 20 obriga as entidades a cumprir quantitativos de bolsas de estudo como forma indireta de compensação de recolhimento de tributos. Ademais, como antecipado em tópico anterior, outra inconstitucionalidade vislumbrada é que a redação do art. 21 foi modificada pela Lei nº 14.350/2002, lei ordinária que alterou lei complementar, o que é vedado pela sistemática legislativa nacional.

l) Art. 22.[153] O *caput* do art. 22, da mesma forma que o art. 21, sofreu alteração pela lei ordinária 14.350/2022, de forma indevida por não ser o instrumento adequado de alteração de lei complementar, além de estabelecer critério desvantajoso para entidades de nível superior que não aderiram ao Prouni, ou seja, uma bolsa integral para cada quatro alunos pagantes.

[152] Art. 21. As entidades que atuam na educação superior e que aderiram ao Programa Universidade para Todos (Prouni), na forma do **caput** do art. 11-A da Lei nº 11.096, de 13 de janeiro de 2005, deverão atender às condições previstas no **caput** e nos §§ 1º, 2º e 5º do art. 20 desta Lei Complementar. (Redação dada pela Lei nº 14.350, de 2022)

[153] Art. 22. As entidades que atuam na educação superior e que não tenham aderido ao Prouni na forma do art. 10-A da Lei nº 11.096, de 13 de janeiro de 2005, deverão conceder anualmente bolsas de estudo na proporção de 1 (uma) bolsa de estudo integral para cada 4 (quatro) alunos pagantes. (Redação dada pela Lei nº 14.350, de 2022)

§ 1º Para o cumprimento da proporção descrita no caput deste artigo, a entidade poderá oferecer bolsas de estudo parciais, desde que conceda:

I – no mínimo, 1 (uma) bolsa de estudo integral para cada 9 (nove) alunos pagantes; e

II – bolsas de estudo parciais de 50% (cinquenta por cento), quando necessário para o alcance do número mínimo exigido, mantida a equivalência de 2 (duas) bolsas de estudo parciais para cada 1 (uma) bolsa de estudo integral.

§ 2º Será facultado à entidade substituir até 25% (vinte e cinco por cento) da quantidade das bolsas de estudo definida no caput e no § 1º deste artigo por benefícios concedidos nos termos do art. 19 desta Lei Complementar.

§ 3º Sem prejuízo do cumprimento das proporções estabelecidas no inciso II do § 1º deste artigo, a entidade de educação deverá ofertar, em cada uma de suas instituições de ensino superior, no mínimo, 1 (uma) bolsa integral para cada 25 (vinte e cinco) alunos pagantes.

m) Os artigos 23 e 24 tratam das contrapartidas exigidas das entidades educacionais que atuam na educação profissional e estabelecem critérios para se considerar quais são os alunos pagantes para fins de aplicação das proporções de bolsas exigidas pela lei.

Como demonstrado, uma série de requisitos para a certificação das entidades como beneficentes de assistência social, surgem travestidos de verdadeiros obstáculos ao usufruto da imunidade.

Os estudiosos do constitucionalismo ensinam que as Constituições não são documentos exclusivamente jurídicos, mas preponderantemente políticos e ideológicos. A imunidade, como demonstrado, é o reconhecimento de valores e princípios superiores, no caso, os direitos humanos no campo da tributação e se caracteriza como garantia fundamental do cidadão.

Desta forma, a imunidade não poderá, em razão do expresso no artigo 60, § 4º, IV, da Constituição Federal, ser alterada ou suprimida por emenda constitucional, uma vez que se constitui em cláusula pétrea.

> Essa garantia de *cláusula pétrea* não é dada se consideramos a imunidade como não- incidência, ainda que qualificada, ou como dispositivo complementar da norma de competência tributária. Primeiro: sendo não-incidência, e, portanto, uma omissão, o legislador constituinte, mesmo o derivado, poderá, a qualquer momento, suprir esse vácuo do texto constitucional, passando a tributar o que ainda não o era. Segundo: sendo complemento da norma de competência, e tendo em vista que essa já vem pronta e acabada, o legislador constituinte derivado poderá alterar a competência tributária, sem afrontar qualquer das garantias ou dos direitos fundamentais. Conclusão: a imunidade traz ao texto constitucional, expressamente, os direitos humanos pré-estatais e, em consequência, pré-jurídicos. Sendo assim, somente poderá ser alterada se rompida essa ordem constitucional e inaugurada outra, sob a égide de nova Constituição. O legislador constituinte derivado não tem essa permissão; ao contrário, é proibido de alterar as garantias e os direitos fundamentais inscritos pelo legislador constituinte originário.[154]

[154] FERNANDES, Edison Carlos. **Imunidade Tributária.** *In* Imunidades Tributárias. MARTINS. Ives Gandra da Silva (coord.). **Imunidades Tributárias,** São Paulo: Ed. RT/Centro de Extensão Universitária, Pesquisas Tributárias, Nova Série, n. 4, 1998, p. 561, 562.

Como demonstrado, em razão de ser considerada **cláusula pétrea**, nem mesmo por emenda constitucional poderia ser afastada a imunidade. No entanto, como exposto, a lei complementar que deveria tão somente regular os aspectos de contrapartidas das entidades, criou numerosos obstáculos ao alcance do instituto pelas entidades.

3.12. Ação direta de inconstitucionalidade contra a LC 187/2021

Em 14 de dezembro de 2023 teve ingresso no Supremo Tribunal Federal a Ação Direta de Inconstitucionalidade (ADI 7563) questionando a constitucionalidade da Lei Complementar 187/2021. Os impetrantes são a Confederação Nacional dos Estabelecimentos de Ensino (Confenen), a Associação Nacional dos Procuradores e Promotores de Justiça de Fundações e Entidades de Interesse Social (Profis) e a Confederação Nacional de Fundações (Cebraf). A ADI tem como relator o Min. André Mendonça e até 18 de fevereiro de 2024 ainda não havia decisão recepcionando ou não a ação.[155]

A ADI 7563 tem como linha principal a alegação de que a Lei Complementar 187/2021, extrapolou limites constitucionais e não poderia estabelecer critérios econômicos e financeiros como condição para o reconhecimento da imunidade tributária das entidades beneficentes.

3.13. Conclusão parcial

Como demonstrado, o Supremo Tribunal Federal, confirmou o princípio da imunidade tributária gravado como cláusula pétrea na Constituição Federal ao analisar as Ações Diretas de Inconstitucionalidade nºs. 2036, 2621, 2228 e o RE 566.622, com repercussão geral, ao reconhecer e declarar a inconstitucionalidade formal de preceitos não veiculados por lei complementar que inovavam na ordem jurídica ao exigirem contrapartidas diversas para o gozo da imunidade objeto do art. 195, § 7º da CF.

[155] BRASIL. **Supremo Tribunal Federal**. Ação Direta de Inconstitucionalidade ADI 7563. Reqte: Confederação Nacional de Estabelecimentos de Ensino – Confenem e outras. Intdo: Presidente da República e Congresso Nacional. Relator: Min. André Mendonça. Disponível em: https://portal.stf.jus.br/processos/detalhe.asp?incidente=6817727. Acesso em: 18 fev. 2024.

No entanto, não há nos votos dos Ministros da Suprema Corte ao julgar o Tema 32, qualquer permissão de que tais contrapartidas – mesmo sendo veiculadas por Lei Complementar – possam inovar a ordem constitucional para desnaturar a natureza das imunidades tributárias, consideradas direitos e garantias individuais, portanto cláusula pétrea da Constituição Federal (art. 60, § 4º). O objetivo das imunidades tributárias é preservar valores considerados essenciais ao regime democrático, tais como a prática de assistência social em colaboração com o Estado para a concretização dos direitos sociais, como a educação, a saúde, a alimentação, o trabalho, a moradia, o transporte, o lazer, a segurança, a previdência social, a proteção à maternidade e à infância, a assistência aos desamparados, perpetuados no art. 6º da Lei Maior.

As contrapartidas exigidas das entidades beneficentes na Lei Complementar 187/2021, a nosso ver, são irrazoáveis e exageradas, e configuram inconstitucionalidade material, pois estipulam regras que restringem e criam obstáculos para o gozo da imunidade tributária, violando e contrariando o disposto no § 7º do art. 195 da Constituição Federal.

CAPÍTULO 4.
O RETORNO PRESTADO PELAS ENTIDADES BENEFICENTES

4.1. A seguridade social

No título VIII da Constituição Federal, destinado à Ordem Social (art. 193 a 232), em especial no capítulo II, é positivado o conceito de Seguridade Social, como o conjunto integrado de ações de iniciativa dos Poderes Públicos e da sociedade, destinados a assegurar os direitos relativos à saúde, à previdência e à assistência social, assim dispondo a CF:

> TÍTULO VIII
> DA ORDEM SOCIAL
> (...)
> CAPÍTULO II
> DA SEGURIDADE SOCIAL
> SEÇÃO I
> DISPOSIÇÕES GERAIS
> Art. 194. A seguridade social compreende um conjunto integrado de ações de iniciativa dos Poderes Públicos e da sociedade, destinadas a assegurar os direitos relativos à saúde, à previdência e à assistência social.

Em linha com os princípios gerais da Ordem Social, que estabelece como base "o primado do trabalho, e como objetivo o bem-estar e a justiça sociais" [156], o artigo 194, em seus 7 (sete) incisos, estabelece os objetivos

[156] Constituição Federal, art. 193. A ordem social tem como base o primado do trabalho, e como objetivo o bem-estar e a justiça sociais. Parágrafo único. O Estado exercerá a função de planejamento das políticas sociais, assegurada, na forma da lei, a participação

a que se destina, tais como a universalidade da cobertura e do atendimento; uniformidade e equivalência de benefícios e serviços; seletividade e distributividade na prestação dos benefícios e serviços; irredutibilidade do valor dos benefícios; equidade na forma de participação do custeio; diversidade da base de financiamento; caráter democrático e descentralizado da gestão administrativa, com a participação da comunidade, em especial trabalhadores, empregadores, aposentados e do Governo.

4.2 O financiamento da seguridade social

O art. 195 da CF trata do financiamento da seguridade social e estabelece que será efetuado por toda a sociedade, direta ou indiretamente, e pela União, Estados e Municípios, mediante contribuições, que serão recolhidas dos empregadores, dos trabalhadores, dos concursos ou prognósticos, bem como do importador de bens ou serviços do exterior.

> Art. 195. A seguridade social será financiada por toda a sociedade, de forma direta e indireta, nos termos da lei, mediante recursos provenientes dos orçamentos da União, dos Estados, do Distrito Federal e dos Municípios, e das seguintes contribuições sociais:

O §1º do art. 195, estabelece que "as receitas dos Estados, do Distrito Federal e dos Municípios destinadas à seguridade social constarão dos respectivos orçamentos, não integrando o orçamento da União e o § 2º determina que "a proposta de orçamento da seguridade social será elaborada de forma integrada pelos órgãos responsáveis pela saúde, previdência social e assistência social".

Com este ponto, a Constituição, na prática, estatiza as atividades previdenciárias e assistenciais do Regime Geral de Previdência Social (RGPS).

O artigo como um todo é complexo e passou por alterações nas reformas previdenciárias instituídas pelas Emendas Constitucionais nº. 20/1998, nº. 42/2003, nº. 47/2005 e nº.103/2019. Tem interpretação complexa e é complementado por vasto conjunto de normas e regula-

da sociedade nos processos de formulação, de monitoramento, de controle e de avaliação dessas políticas.

mentos da administração pública, igualmente confusos e objetos de judicialização.

Portanto, o modelo de financiamento da Previdência, como se comprova pelo *caput* art. 195, não se restringe às contribuições dos empregadores e dos trabalhadores, mas também "*mediante recursos provenientes dos orçamentos da União, dos Estados, do Distrito Federal e dos Municípios*".

Assim, a Lei Orçamentária pode designar recursos das contribuições sociais e ainda do Orçamento Fiscal para custear despesas com benefícios de saúde, previdência e assistência social, que representam o financiamento indireto de toda a sociedade.

Como demonstrado, no modelo constitucional, a seguridade social compreende um conjunto integrado de ações de iniciativa dos Poderes Públicos e da sociedade, destinados a assegurar os direitos relativos à saúde, à previdência e à assistência social.

> Nos termos do texto original da Constituição Federal, o conjunto das contribuições sociais financiava indistintamente todos os programas e ações de saúde, previdência e assistência social do Orçamento da Seguridade Social. As receitas próprias e exclusivas desse Orçamento, se somavam a outros recursos do Tesouro Nacional, sempre que necessário, para cobrir o conjunto dessas despesas e assegurar direitos. A Reforma da Previdência de 1998 alterou esse marco legal e determinou que as contribuições sobre a folha de pagamentos estivessem dedicadas exclusivamente aos pagamentos do Regime Geral de Previdência Social (RGPS). Mas, em nenhum dispositivo ficou estabelecido que ela deveria ser financiada exclusivamente pelas contribuições previdenciárias.[157]

Portanto, a Previdência Social tem múltiplas formas de financiamento, passando pelas contribuições dos empregadores e dos trabalhadores, e do Estado brasileiro.

Nesse contexto, o § 7º do art. 195, consagra a imunidade das entidades beneficentes de assistência social, a despeito de utilizar incorretamente o vocábulo isentas no lugar de imunes:

[157] **ANÁLISE DA SEGURIDADE SOCIAL 2021**. ANFIP/Fundação ANFIP de Estudos Tributários e da Seguridade Social – 22. ed. Brasília: ANFIP, 2022, p. 71.

§ 7º São isentas de contribuição para a seguridade social as entidades beneficentes de assistência social que atendam às exigências estabelecidas em lei.

E a razão é que tais entidades privadas desenvolvem atividades de assistência social que se colocam constitucionalmente como deveres do Estado, desincumbindo os Poderes Públicos de executá-las, total ou parcialmente, não podendo o Estado identificar a capacidade contributiva com relação a tais instituições.

Qualquer tributo que recaia sobre as entidades beneficentes sem fins lucrativos, implica o desvio de recursos por parte do Estado das áreas de assistência social para outras áreas. Tributar essas entidades seria o Estado retirando recursos voltados para a assistência social, saúde, educação, e outros direitos sociais para destiná-los igualmente às mesmas áreas, o que caracteriza desperdício, ou para outras áreas, que caracterizaria desvio.

Coerente com os princípios traçados na Constituição, em 1992, aderiu ao Pacto Internacional dos Direitos Econômicos, Sociais e Culturais, de 1966 (em vigência pela ONU desde 1976), por meio do Decreto nº 591, de 6 de julho de 1992, reconhecendo, no plano legal, as garantias sociais e econômicas mínimas de maneira equivalente aos direitos fundamentais, como às liberdades civis e políticas.

O Pacto Internacional dos Direitos Econômicos, Sociais e Culturais, de 1966, atualmente conta com a assinatura e ratificação de 171 nações[158], inclusive Estados Unidos da América com assinatura, mas a ser ratificado, estipula que os Estados se comprometem a adotar medidas, inclusive legislativas, para que os cidadãos tenham acesso pleno ao bem-estar geral em uma sociedade democrática com o exercício dos direitos reconhecidos no pacto, dentre os quais: direito ao trabalho (art. 6º); a uma existência decente para o cidadão e sua família (art. 7º); direitos sindicais (art. 8º); direito à previdência social e seguro social (art. 9º); direito à ampla proteção e assistência às famílias para a criação e educação dos filhos (art. 10); proteção e assistência em prol das crianças e adolescentes (art. 10); direito a um nível de vida adequado para as famílias, incluindo alimen-

[158] Relação de países que assinaram o Pacto Internacional dos Direitos Econômicos, Sociais e Culturais, de 1966. Disponível em: https://indicators.ohchr.org/. Acesso em: 20 jan. 2023.

tação, vestimenta e moradia adequadas (art. 11); direito à proteção contra a fome (art. 11); direito ao mais elevado nível possível de saúde física e mental (art. 12); os estados devem prover prevenção contra doenças epidêmicas, endêmicas, profissionais e outras (art. 12); educação primária obrigatória e gratuita (art. 13); educação superior acessível a todos e implementação progressiva de educação gratuita (art. 13).

As entidades do Terceiro Setor, em especial as beneficentes, são aquelas organizações da sociedade civil que mais estão preparadas para auxiliar o Estado no cumprimento destes deveres para implementação dos direitos humanos fundamentais, assumidos constitucionalmente e por meio de pactos internacionais.

a) Extrafiscalidade e imunidade

Quando o Constituinte trouxe para a arena social as organizações da sociedade civil, o objetivo intencional, ao que tudo leva a crer, foi a busca de concretização dos direitos sociais, uma vez que o custo da falta de saúde e educação, a falta de condições dignas de vida e o custo para a erradicação da marginalidade e da miséria, deveriam ser suportados por todo o conjunto da sociedade, com a união e coordenação do Estado. Embora a contabilidade deste custo seja impossível de ser mensurada, todo e qualquer investimento para melhoria das condições pode se transformar em elemento compensador.

As imunidades e isenções apresentam aspectos comuns, dentre os quais são utilizadas pelo poder estatal como instrumentos de política pública. Desta forma, podemos identificar a imunidade como exercício político da extrafiscalidade do Estado, quando este lança mão de instrumentos como renúncias fiscais para o alcance de objetivos sociais.

A chamada Extrafiscalidade, segundo lições de Geraldo Ataliba, é "o uso de instrumentos tributários de finalidades não arrecadatórias, mas estimulantes, indutoras ou coibidoras de comportamentos, tendo em vista outros fins, a realização de outros valores constitucionalmente consagrados".[159]

[159] Ataliba, Geraldo. **IPTU**: progressividade. *In* Revista de Direito Público. V. 23, n. 93, jan/mar., 1990, p. 237.

A extrafiscalidade tributária implica na escolha pelo Estado de um fim (normalmente social), como mais importante que a arrecadação de tributos.

Segundo Maurício Dalri Timm do Valle, "não são poucos os autores que identificam o princípio da Seletividade com a extrafiscalidade", citando como exemplo Paulo de Barros Carvalho, Eduardo Domingos Bottallo, Roque Antonio Carrazza, José Eduardo Tellini Toledo, André de Souza Dantas Elali e Manoela Floret Silva Xavier.[160] O professor menciona um exemplo claro de seletividade tributária, que pode ser compreendido, ao revés, como política extrafiscal:

> Quando o legislador, por meio do Princípio da Seletividade, tributa os cigarros, por exemplo, como a alíquota de 330% (trezentos e trinta por cento), não o está fazendo com base nos Princípios da Igualdade e da Capacidade Contributiva. Nesses casos, outros interesses constitucionais embasam a tributação elevada. Essa é uma espécie de Seletividade diversa da que visa o respeito ao Princípio da Isonomia. Até porque a compra de um maço de cigarros não é fato signo presuntivo de riqueza suficiente para que seja tributado à alíquota mais alta estabelecida no direito positivo brasileiro. Nesses casos, o Estado pretende respeitar as prescrições do art. 196 da Constituição Federal. Art. 196. A saúde é direito de todos e dever do Estado, garantido mediante políticas sociais e econômicas que visem à redução do risco de doença e de outros agravos e ao acesso universal e igualitário às ações e serviços para sua promoção, proteção e recuperação.[161]

Do exemplo acima citado por Maurício Dalri Timm do Valle é esclarecido que "outros interesses constitucionais embasam a tributação elevada" do cigarro, e são os mesmos interesses constitucionais que explicam e justificam a imunidade tributária das entidades privadas que auxiliam o estado de maneira complementar para a garantia dos direitos

[160] VALLE, Maurício Dalri Timm do. Princípios constitucionais e regras-matrizes de incidência do imposto sobre produtos industrializados – IPI. 1. ed. São Paulo: Noeses, 2016, p. 483.

[161] VALLE. Maurício Dalri Timm do. Princípios... op. cit., p. 484.

à promoção, proteção e recuperação da saúde como dever do estado e da sociedade civil como um todo.

Portanto, a imunidade tributária atrelada à extrafiscalidade é mecanismo de indução de comportamentos para a realização de determinados objetivos constitucionais. Thiago Dalsenter pontua que a extrafiscalidade é compreendida a partir da ideia da fiscalidade, em torno da qual a tributação com fins extrafiscais gravita. "Extrafiscalidade, portanto, pode ser entendida como a técnica de utilização do tributo com o escopo de obter efeitos que transcendam à mera arrecadação".[162]

A extrafiscalidade fornece explicações para a imunidade das entidades beneficentes. O efeito extrafiscal das normas tributárias busca a intervenção do Estado para o alcance de resultados não somente econômicas, mas, sobretudo, sociais. Podemos identificar as políticas públicas que lançam mão da extrafiscalidade para fomentar a geração de emprego e renda, inibir índices inflacionários, promover o desenvolvimento nacional, proteger a indústria, proteger o consumidor consumidor, corrigir desigualdades regionais, promover o acesso à educação, garantir o sistema público de saúde, entre outros.

A extrafiscalidade no Brasil busca sua justificação no controle dos denominados Gastos Tributários, assim conceituados no Demonstrativo de Gasto Tributário (DGT) da Receita Federal do Brasil, assim conceituado:

> Gastos tributários são gastos indiretos do governo realizados por intermédio do sistema tributário, visando a atender objetivos econômicos e sociais e constituem-se em uma exceção ao Sistema Tributário de Referência – 4 STR, reduzindo a arrecadação potencial e, consequentemente, aumentando a disponibilidade econômica do contribuinte. Cabe lembrar que o conceito de Gasto Tributário utilizado pela Receita Federal teve como referência os critérios adotados por países membros da Organização para a Cooperação e Desenvolvimento Econômico (OCDE), bem como as recomendações e

[162] Dalsenter, Thiago. **Extrafiscalidade e Seletividade.** In: Valle, Maurício Dalri Timm do. Valadão, Alexsander Roberto Alves. Dallazem, Dalton Luiz. **Ensaios em homenagem ao professor José Roberto Vieira**. Ao mestre e amigo, com carinho... (Coord.) 1. ed. São Paulo. Noeses, 2017, p. 1155.

melhores práticas divulgadas pelo Centro Interamericano de Administrações Tributárias (CIAT). [163]

Por intermédio do controle divulgado anualmente pela SRFB é possível verificar as projeções dos tributos que seriam recolhidos não fosse tais tributos alcançados pela imunidade. É certo que a imunidade das contribuições sociais do art. 195, § 7º da CF/88 é um importante instrumento para influenciar comportamentos dos agentes sociais, tais como a atração de instituições privadas sem fins lucrativos, contendo um caráter extrafiscal.

4.3 Números dos gastos tributários

Segundo dados da Associação Nacional dos Auditores-Fiscais da Receita Federal do Brasil, Fundação ANFIP de Estudos Tributários e da Seguridade Social, a imunidade das contribuições sociais (considerada na rubrica Renúncias em Contribuições Sociais das entidades filantrópicas) atingiu o total de R$ 10.321.000.000.00 (dez bilhões e trezentos e vinte um milhões de reais) no exercício de 2021.[164]

Conforme a Lei de Diretrizes Orçamentárias 2023, o valor da renúncia, considerado na rubrica "Gasto Tributário" projetado para o ano de 2023 supera R$ 13.000.000,000,00 (treze bilhões de reais), na seguinte ordem: i) Assistência social, entidades sem fins lucrativos filantrópicas: R$ 2.233.430.8000, referente a 0,66% do gasto tributário projeto para o Brasil; ii) Educação – entidades filantrópicas: R$ 3.521.509.867, referente a 1,04% do total; iii) saúde – entidades filantrópicas: R$ 7.295.490.708, correspondente a 2,16% do total.[165]

[163] Demonstrativo de Gasto Tributário – DGT. PLOA 2022. Disponível em: https://www.gov.br/receitafederal/pt-br/centrais-de-conteudo/publicacoes/relatorios/renuncia/gastos-tributarios-ploa/dgt-ploa-2022-base-conceitual/view. Acesso em: 23 jan. 2023.

[164] **ANÁLISE DA SEGURIDADE SOCIAL 2021**. ANFIP/Fundação ANFIP de Estudos Tributários e da Seguridade Social – 22. ed. Brasília: ANFIP, 2022, p. 159.

[165] BRASIL. Congresso Nacional. Anexo IV. Metas Fiscais IV. 10 – Renúncia de Receita Administrada pela RFB e Previdência. Ano: 2023. (Art. 4º, § 2º, inciso V, da Lei Complementar no 101, de 4 de maio de 2000). Disponível em: https://www.congressonacional.leg.br/materias/materias-orcamentarias/pldo-2023. Acesso em: 18 jan. 2023.

A proteção dos direitos nunca sai de graça. "Os direitos liberais clássicos dependem necessariamente de relação de comando e obediência cuja criação e manutenção, por sua vez custa muito dinheiro". [166]

Stephen Homes e Cass R. Sunstein, argumentam sobre os custos e os benefícios para o Estado para implementação dos direitos:

> Os direitos custam dinheiro e não podem ser protegidos nem garantidos sem financiamento e apoio públicos. Tanto o direito ao bem-estar social quanto o direito à propriedade privada custam dinheiro para o público. O direito à liberdade contratual tem custos públicos, assim como o direito à assistência médica; o direito à liberdade de expressão tem custos públicos, do mesmo modo que o direito a uma habitação decente. Todos os direitos impõem exigências ao tesouro público. [167]

Todo direito do cidadão corresponde a um dever do Estado. Hans Kelsen afirma que "Ao direito de voto do cidadão corresponde ao dever da autoridade eleitoral".[168]

Não há como conceder ao cidadão o direito ao sufrágio universal sem o Estado implementar as condições para esse exercício, que custa muito recurso financeiro. Tome-se como exemplo, somente o orçamento do Tribunal Superior Eleitoral para o ano de 2022, em que ocorrem eleições para eleição de presidente da República, governadores, deputados federais e estaduais e senadores, atingiu mais de 10 bilhões de reais (R$ 10.250.710.750).[169]

[166] HOLMES, Stephen; SUSTEIN, Cass R. **O custo dos direitos**. por que a liberdade depende dos impostos. Tradução de Marcelo Brandão Cipolla. São Paulo: Editora WMF Martins Fontes, 2019. p. 61.

[167] HOLMES, Stephen; SUSTEIN, Cass R. **O custo dos direitos**. por que a liberdade depende dos impostos. Tradução de Marcelo Brandão Cipolla. São Paulo: Editora WMF Martins Fontes, 2019. p. 5.

[168] KELSEN, Hans. **Teoria geral do direito e do Estado**. ed. 5ª. São Paulo: Martins Fontes, selo Martins, 2016, p. 88.

[169] BRASIL. Tribunal Superior Eleitoral. Proposta Orçamentária 2022. Disponível em: https://www.tse.jus.br/++theme++justica_eleitoral/pdfjs/web/viewer.html?file=https://www.tse.jus.br/comunicacao/noticias/arquivos/anexo-da-proposta-orcamentaria-da-jus-

O mesmo pode ser afirmado sobre todos os demais direitos constitucionais, incluindo o direito à liberdade de expressão, liberdade religiosa, entre outros, e todos os demais direitos individuais e coletivos, que não são apenas abstratos, mas possuem um custo para sua defesa e proteção.

4.4 As contrapartidas do setor filantrópico

O Fórum Nacional de Instituições Filantrópicas (FONIF), realiza pesquisas desde 2016 com a finalidade de identificar as entidades filantrópicas (beneficentes de assistência social) em atuação no país, e mensurar o retorno para a sociedade como contrapartida de sua imunidade previdenciária, conforme disposto no § 7º do art. 195 da Constituição Federal.

A última pesquisa, realizada em 2022, tendo como base o exercício de 2020, denominada "A contrapartida do setor filantrópico no Brasil",[170] realizada para o FONIF pela empresa de consultoria Dom Strategy Partners,[171] auditada pela Audisa Auditores Associados, com sede em Barueri, São Paulo, apresenta o importante cenário de atuação das atividades das entidades beneficentes de assistência social.

O cálculo da contrapartida considera o retorno total, quantitativo e qualitativo, do valor da prestação de serviços das instituições filantrópicas na comparação com o valor da imunidade tributária, e apresenta o seguinte resultado:

Resumo dos dados coletados pela Pesquisa FONIF:

a) A pesquisa identificou 27.384 instituições (números no Cadastro Nacional de Pessoas Jurídicas (CNPJ, matriz e filiais) cadastradas na política pública da certificação de entidade beneficente de assistência social (CEBAS);
b) Dentro dessas entidades foram identificados 2.667 serviços de assistência social, sem oferta de alojamento; 1.986 atividades de

tica-eleitoral-para-2022/@@download/file/TSE-anexo-proposta-orcamentaria-je-2022.pdf. Acesso em 23 jan. 2023.

[170] Pesquisa "A contrapartida do setor filantrópico no Brasil". Disponível em: https://fonif.org.br/pesquisas/. Acesso em: 23 jan. 2023.

[171] Consultoria Dom Strategy Partners. Disponível em: https://dom-ecc.com.br/. Acesso em: 23 jan. 2023.

atendimento hospitalar; um total de 1651 entidades realizam educação infantil – creche, e 1564 realizam ensino fundamental;

c) As entidades beneficentes de saúde realizaram em 2020, mais de 230 milhões de procedimentos hospitalares;
d) Em 2020, o setor hospitalar beneficente filantrópico representou 24% (vinte e quatro por cento) dos hospitais gerais no Brasil; 36% (trinta e seis por cento) dos leitos SUS de UTI dedicados ao tratamento de COVID-19 no país;
e) A produtividade das instituições filantrópicas foi de 6,61 (seis inteiros e sessenta e um décimos), na comparação com os demais estabelecimentos que atendem o Sistema Único de Saúde (SUS);
f) Em 861 municípios no país, o único hospital em funcionamento é uma instituição beneficente de saúde, Santa Casa de Misericórdia ou hospital filantrópico;
g) As entidades de educação, concederam 778 mil bolsas de estudos para alunos comprovadamente carentes;
h) A nota dos alunos das escolas beneficentes sem fins lucrativos no Exame Nacional do Ensino Médico (ENEM) foi 17% (dezessete por cento) maior que a nota dos demais estudantes da educação básica;
i) Em 2020, o setor filantrópico educacional concedeu 355.000 (trezentos e cinquenta e cinco mil) bolsas para alunos de educação básica e 423.000 (quatrocentos e vinte e três mil) bolsas para o ensino superior;
j) O processo de seleção para as gratuidades das bolsas de estudos segue os critérios do Ministério da Educação para o perfil socioeconômico dos estudantes (previstos na Lei 12.101/2009 revogada pela Lei Complementar 187/2021, que estabelece critérios idênticos de carência);
k) As entidades filantrópicas beneficentes sem fins lucrativos com a certificação CEBAS representam 40% (quarenta por cento) das entidades de assistência social no Brasil;
l) As entidades de assistência social, disponibilizaram 625 vagas para pessoas em situação de vulnerabilidade social;
m) Em 2020, a capacidade de oferta de vagas de atendimento das instituições filantrópicas foi de 1,84 (um inteiro e oitenta e qua-

tro décimos) na comparação com as demais entidades que atuam na rede socioassistencial privada do Sistema Único de Assistência Social (SUAS);

4.5 Gastos tributários e contrapartida

Conforme a pesquisa, em 2020 o total apurado como gasto tributário calculado pela RFB das entidades filantrópicas foi de R$14.161.900.212. Em contrapartida, as entidades ofereceram em gratuidade de forma tangível R$ 72.869.465.846. Quando computados os valores intangíveis de R$ 65.793.534.905, a soma vai a R$138.663.000.751; os valores indicam que, de cada R$ 1,00 (um real) de usufruto em imunidade, as entidades empregaram R$ 9,79 (nove reais e setenta e nove centavos) na realização de gratuidade;

A imunidade total às filantrópicas representou 4,3% (quatro inteiros e três décimos) do total de gastos tributários do país;

Os valores da contrapartida em 2020 divididos por área.

a) Saúde:

O gasto tributário com a imunidade foi de R$ 8.959.741.797 e a contrapartida em gratuidade prestada teve o valor tangível de R$ 42.498.489.560 e o intangível R$ 59.223.893.278, totalizando R$ 101.722.382.838, resultando que, de cada R$ 1,00 (um real) de imunidade, a gratuidade foi de R$ 11,35 (onze reais e trinta e cinco centavos);

b) Educação:

O gasto tributário com a imunidade foi de R$ 3.772.513.413 e a contrapartida em gratuidade prestada teve o valor tangível de R$ 14.773.549.325 e o intangível R$ 3.940.767.510, totalizando R$ R$ 18.714.316.835, resultando que, de cada R$ 1,00 (um real) de imunidade, a gratuidade foi de R$ 4,96 (quatro reais e noventa e seis centavos);

c) Assistência Social:

O gasto tributário com a imunidade foi de R$ 1.429.645.001 e a contrapartida em gratuidade prestada teve o valor tangível de R$ 15.597.426.961 e o intangível R$ 2.628.874.117, totalizando R$ 18.223.970.757, resultando que, de cada R$ 1,00 (um real) de imunidade, a gratuidade foi de R$ 12,75 (doze reais e setenta e cinco centavos);

A seguir, transcrevemos os dados mais relevantes e a fundamentação dos achados da pesquisa Fonif em cada uma das três áreas de atuação das entidades beneficentes de assistência social, identificadas na pesquisa como "entidades filantrópicas", saúde, educação e assistência social:

4.6 Área de saúde

Na área de saúde, são 5.510 unidades filantrópicas com atuação preponderante no Sistema Único de Saúde (SUS), segundo o Cadastro Nacional de Estabelecimentos de Saúde (CNES), com destaque para os 1.572 Hospitais Gerais, que representam 24% de todos os hospitais gerais do país em 2020.

Em relação aos leitos, foram 136.896 leitos disponibilizados ao SUS, 33% do total de leitos SUS do país. No que se refere aos leitos de Unidade de Tratamento Intensivo (UTI), foram 22.012 leitos, 35% do total de leitos UTI SUS.

No combate à pandemia do novo coronavírus (Sars-coV-2) em 2020 foram 8.270 leitos UTI pediátricos e adultos para a Síndrome Respiratória Aguda Grave (SRAG) disponibilizados ao SUS, 36% do total de leitos SUS de UTI para a SRAG (Covid-19).

No período (da pandemia), as unidades de saúde filantrópicas realizaram 4,3 milhões de procedimentos hospitalares, 47% do total pago pelo Sistema de Informação Hospitalar (SIH/SUS) e 230 milhões de procedimentos ambulatoriais (32% do total pago pelo Sistema de Informação Ambulatorial (SIA/SUS).

Assim, os cerca de R$ 12,9 bilhões direcionados aos procedimentos hospitalares e ambulatoriais realizados pela rede de filantropia representaram 39% do total de R$ 32,9 bilhões do SUS em 2020.

Adicionalmente, o Programa de Apoio ao Desenvolvimento do Sistema Único de Saúde (PROADI-SUS) é uma forma alternativa para determinadas instituições hospitalares, sem fins lucrativos, obterem a certificação de Entidade Beneficente de Assistência Social (CEBAS), através da transferência da sua expertise pela realização de projetos de educação, pesquisa, avaliação de tecnologia, gestão e assistência especializada voltados ao fortalecimento e à qualificação do SUS em todo o Brasil.

Complementar ao modelo tradicional de filantropia, os hospitais que integram o programa, desembolsam os valores correspondentes para o investimento em projetos de desenvolvimento para o SUS e de promoção de saúde da população. Assim, o PROADI-SUS é mantido com os recursos gerados pelos próprios hospitais participantes.

O investimento total no triênio 2018-2020 foi de R$ 1,3 bilhão, proporcionalmente, R$ 445 milhões em média, por ano.

Para avaliação dos aspectos qualitativos da prestação de serviços das instituições filantrópicas na área de saúde foi considerado o Indicador de Produtividade Hospitalar e Ambulatorial. Em 2020, a produtividade das instituições filantrópicas foi de 6,61 na comparação com os demais estabelecimentos de saúde que atendem o SUS, apontando que as filantrópicas foram, em média, 6,61 vezes mais produtivas que a referência.

Considerando o valor pago pelos procedimentos hospitalares, o indicador de produtividade foi de 2,37 e para o procedimento ambulatorial 10,51.

4.7 Área de educação

Na área de educação, de acordo com o catálogo de Escolas do Instituto Nacional de Estudos e Pesquisas Educacionais Anísio Teixeira (INEP), foram identificadas 4.961 escolas filantrópicas na educação básica, como creches de educação infantil e escolas de ensino fundamental e médio, representando 12% do total de escolas da rede privada do país.

Na educação superior, segundo o Censo do Ensino Superior, foram identificadas 286 instituições filantrópicas de ensino superior, 11% do total de IES do Brasil. Em 2020, em termos de alunos matriculados na educação básica, segundo o Censo Escolar, foram 1.569.315 matrículas, 18% do total de alunos da rede privada. No ensino superior, em referência ao ano de 2019, foram 990.563 alunos matriculados, 12% do total de alunos do nível superior.

Referente às gratuidades, bolsas de estudo e financiamento estudantil, as instituições filantrópicas registraram em 2020, mais de 778 mil alunos bolsistas, sendo 51 mil alunos em escolas filantrópicas de educação 100% gratuita (sem qualquer modalidade de pagamento ou contraprestação de serviços arrecadada) e 304 mil bolsas de estudo de 20% de contraprestação com 1 bolsa de estudo para cada 5 alunos pagantes.

No ensino superior, segundo dados disponíveis em 2019, as instituições filantrópicas contavam com mais de 423 mil alunos matriculados através de modalidade de financiamento estudantil elegíveis para a certificação de filantropia, com bolsas de estudo oferecidas pela própria instituição de ensino e através do programa Universidade para Todos (Prouni).

Para a avaliação dos aspectos qualitativos da prestação de serviços das instituições filantrópicas na área de educação foi considerado o Indicador de Nota Média dos alunos nas provas do exame nacional do ensino médio (Enem) e do exame nacional de desempenho dos estudantes (Enade). Em 2020, a nota média dos alunos de instituições filantrópicas foi 17% maior (índice 1,17) que as notas dos demais alunos da educação básica e 3% menor (índice 0,97) na comparação com os demais alunos do ensino superior.

4.8 Área de assistência social

Na área de assistência social, são 8.193 entidades filantrópicas, segundo o Cadastro Nacional das Entidades de Assistência Social (CNEAS), representando 40% do total de entidades de assistência social cadastradas. A prestação de serviços das entidades filantrópicas de assistência social se destaca nos serviços de convivência e fortalecimento de vínculos (proteção básica) Centro-Dia de referência para pessoas com deficiência (Proteção social especial de média complexidade), serviços de acolhimento e serviços de família acolhedora para crianças e adolescentes (Proteção social especial de alta complexidade). Conforme o Censo do Sistema Único de Assistência Social (SUAS), realizado no ano de 2019, com um total de 625 mil vagas de atendimento oferecidas.

Nos serviços de convivência e fortalecimento de vínculos foram 460.206 vagas, 37% do total de vagas de atendimento ofertadas no SUAS em 2019. Nos Centros-Dia de referência para pessoas com deficiência foram 74.083 vagas, 83% do total de vagas ofertadas. Nos serviços de Família Acolhedora foram 330 vagas, 16% do total de vagas ofertadas.

Para a avaliação do aspecto quantitativo em relação ao retorno tangível frente à imunidade tributária na área de assistência social, considerando a contrapartida exigida de 100% de gratuidade na prestação de serviços para a população e na aplicação de 100% dos recursos na atividade fim, pela natureza da instituição sem fins lucrativos e filantrópica, realizou-se o levantamento de documentação das próprias entidades como relatórios de atividades, balanços contábeis e demonstrativos de resultados.

A partir da análise de 80 balanços contábeis dos exercícios de 2019 e 2020, as informações financeiras disponíveis sobre o total de receitas obtidas e o total da cota patronal do INSS (imunidade tributárias das contribuições sociais), foram comparadas para estabelecer o índice de valor que demonstra a capacidade de mobilização de recursos e reinvestimento nas atividades de assistência social. O resultado da avaliação indicou um investimento de receita das filantrópicas 10,91 vezes maior que o valor de sua imunidade tributária.

Para avaliação dos aspectos quantitativos da prestação de serviços das instituições filantrópicas na área de assistência social foi considerado o Indicador de Capacidade de Oferta de vagas. Em 2020, a capacidade de oferta de vagas de atendimento nas instituições filantrópicas foi de 1,84 na comparação com as demais entidades que atuam na rede socioassistencial privada do SUAS, apontando que as filantrópicas apresentam uma capacidade em média 1,84 vezes maior que a referência.

Considerando a capacidade de oferta de vagas de atendimento por tipo de serviço, os Serviços de Convivência e Fortalecimento de Vínculos apresentam capacidade 55% menor (índice 0,45) do que a referência e os Centro-Dia de referência para pessoas com deficiência apresentam capacidade 28% maior (índice 1,28). Para o serviço de acolhimento, a capacidade das filantrópicas foi 50% maior (índice 1,50) e para os Serviços de Família Acolhedora para crianças e adolescentes 412% maior (índice 4,12).

4.9 Conclusão parcial

O retorno social prestado pelas entidades beneficentes de assistência social, antes mensurado apenas por relatórios esparsos dos Ministérios certificadores e órgãos de controle, foram sintetizados na pesquisa citada e demonstram que os direitos sociais constitucionais somente serão concretizados com participação do Estado em conjunto com a sociedade civil, com suas organizações sem fins lucrativos, atuando em áreas essenciais para o desenvolvimento nacional.

CAPÍTULO 5. A FISCALIZAÇÃO DAS ENTIDADES IMUNES PELO ESTADO

5.1 O combate à corrupção no terceiro setor

O usufruto de imunidade tributária não é um salvo conduto para que as entidades do Terceiro Setor não prestem contas para a sociedade das atividades que realizam. Por esta razão, o Estado, ao aprimorar a legislação e as ferramentas de combate à corrupção, cumpre o papel de demonstrar para a sociedade que os valores protegidos pela Constituição Federal relativos aos direitos sociais estão sendo salvaguardados.

A Lei Federal 12.846/2013, também conhecida como Lei Anticorrupção, estabelece a responsabilização objetiva administrativa e civil de pessoas jurídicas pela prática de atos lesivos contra a administração pública, nacional e estrangeira, praticados em seu interesse ou benefício, exclusivo ou não, e se aplica não somente às sociedades empresárias, mas também a quaisquer fundações, associações de entidades ou pessoas, ou sociedades estrangeiras, nas quais incluem as organizações da sociedade civil sem finalidade de lucro e de interesse social, aquelas pertencentes ao chamado Terceiro Setor (Art. 1º, parágrafo único) [172].

Regulamentada pelo Decreto 8.420/2015, posteriormente revogado pelo Decreto Nº 11.129, de 11 de julho de 2022.[173], a legislação passa a exigir uma nova postura de transparência, conformidade e integridade na conduta de gestores e administradores, empregados, prestadores de

[172] BRASIL. Lei nº 12.846, de 1 de agosto de 2013. Disponível em: http://www.planalto.gov.br/ccivil_03/_ato2011-2014/2013/lei/l12846.htm. Acesso em: 25 fev. 2024.

[173] BRASIL. Decreto nº 11.129, de 11 de julho de 2022. Disponível em: http://www.planalto.gov.br/ccivil_03/_Ato2015-2018/2015/Decreto/D8420.htm. Acesso em: 25 fev. 2024.

serviços, entre outros parceiros, não somente do mundo corporativo e privado, como também das entidades do setor social.

As vantagens e benefícios de se adotar programas de conformidade (*Compliance*), superam o custo da não integridade, além de se constituir em necessidade criada pela recente legislação e quase uma exigência dos novos tempos nas relações entre os Estados, as empresas privadas e as organizações da sociedade civil.

Um estruturado programa de integridade será fundamental para a participação das organizações nos chamamentos públicos e mesmo em parcerias privadas para implementação de programas e projetos de interesse social. O descumprimento da legislação, a falta de rígidos controles, por sua vez, poderá redundar na perda de títulos e certificações com a consequente retirada das imunidades e isenções, causando danos que afetarão a imagem e credibilidade das entidades, e até mesmo a responsabilização civil e penal de seus gestores, dirigentes, administradores ou de qualquer outra pessoa natural autora, coautora ou partícipe de atos ilícitos.

Os custos da não integridade são muito maiores e incalculáveis pois colocam em situação de risco entidades, empregados, dirigentes, até mesmo suas famílias, e acima de tudo, os usuários da política pública desenvolvida por estas organizações da sociedade civil.

Portanto, a adoção de procedimentos internos para o desenvolvimento da entidade, a utilização de instrumentos de auditoria, de controladoria, têm a finalidade de garantir a adequação das atividades a todas as regras regulatórias – os chamados programas de integridade – embora trabalhosos e custosos, devem ser vistos como um seguro investimento que trará transparência e credibilidade para as entidades do Terceiro Setor, além de proteção aos seus dirigentes e preservação dos usuários e beneficiários da atividade-fim das entidades.

Como visto anteriormente, na realização de atividades essenciais para o desenvolvimento nacional, o Estado conta com a colaboração da própria sociedade civil organizada, atuando de maneira complementar às atividades estatais, sobretudo para a promoção da defesa de seus cidadãos, bem como atividades prioritárias como saúde, educação e assistência social, meio-ambiente, entre outras. Como incentivo a esta colaboração, o Estado concede benefícios, isenções, desonerações entre outros estímulos, para manutenção da ordem e do bem-estar de seus cidadãos.

Atualmente, no Brasil, as parcerias voluntárias, envolvendo ou não transferências de recursos financeiros, entre a administração pública e as organizações da sociedade civil, são reguladas pela Lei 13.019/2014[174], e legislação esparsa que estabelece regulamentação de outros incentivos e fomentos para as entidades do Terceiro Setor.

Segundo dados do Instituto de Pesquisas Aplicadas – IPEA, em 2015, havia quase 3 milhões de pessoas com vínculos de emprego em entidades do Terceiro Setor. Este total equivalia, em dezembro daquele ano, a 3% da população ocupada do país e a 9% do total de pessoas empregadas no setor privado com carteira assinada. Entre os anos de 2010 a 2017, a Administração Pública Federal repassou a entidades sem fins lucrativos 75 bilhões de reais [175]

Conforme destacado em capítulo anterior, no final da década de 1980, com a redemocratização, emerge uma nova ordem constitucional no Brasil, cujas premissas estabeleceram novas formas de coparticipação entre os entes federativos, um maior protagonismo da sociedade civil e a eleição de áreas fundamentais para atuação conjunta e prioritária entre Estado e sociedade civil organizada.

Como enfatizamos, o artigo 6º da Constituição Federal estabeleceu como direitos sociais, a educação, a saúde, a alimentação, o trabalho, a moradia, o transporte, o lazer, a segurança, a previdência social, a proteção à maternidade e à infância e a assistência aos desamparados.

Órgãos de fiscalização e controle foram estabelecidos e fortalecidos, como Tribunais de Conta na União, nos Estados e Municípios, Controladorias, sobretudo o Ministério Público, entre outros canais para controle, fiscalização e transparência para os repasses e utilização adequada dos recursos públicos.

Na sequência, algumas leis foram sendo promulgadas gradualmente, tais como a Lei da improbidade administrativa (Lei 8.249/1992), a Lei de licitações (Lei 8.666/1993), sobre a lavagem de dinheiro (Lei 9.613/98, alterada pelas Leis 10.467/2002 e 12.683/2012), além da Lei do processo

[174] Brasil. Lei nº 13.019, de 31 de julho de 2014. Disponível em: http://www.planalto.gov.br/ccivil_03/_ato2011-2014/2014/lei/l13019.htm. Acesso em: 25 fev. 2024.

[175] BRASIL, Instituto de Pesquisas Aplicadas. LOPES, Felix Garcia (organizador). **Perfil das Organizações da Sociedade Civil no Brasil**. Brasília, 2018, p. 22, 24.

administrativo federal (Lei 9.784/1999), Lei de responsabilidade fiscal (Lei Complementar 101/2000), Lei do sigilo das operações financeiras (Lei Complementar 105/2000), Lei da ficha limpa (Lei Complementar 135/2010), Lei Antitruste (Lei 12.529/2011), além de outras alterações pontuais, tendo como pano de fundo os tratados internacionais a que o Brasil tinha aderido, visando rígidos controles e maior transparência nas relações entre o Estado e as corporações sejam com fins ou sem fins lucrativos, prevendo maior rigor nos processos de prestações de contas, além de punição para agentes públicos e privados pela utilização indevida de recursos públicos, englobando as entidades de todos os setores econômicos que se relacionam com o Poder Público.

Importante momento de transformação e desenvolvimento do Terceiro Setor no Brasil foi a promulgação da Lei 9.790/1999, conhecida à época como "Marco Legal do Terceiro Setor", que veio estabelecer critérios para que entidades sem fins lucrativos pudessem ser reconhecidas e certificadas como Organizações da Sociedade Civil de Interesse Público (OSCIP) facilitando o repasse de recursos do Poder Público por meio do chamado "Termo de Parceria", um instrumento menos burocrático, sem as exigências restritivas e demoradas dos processos licitatórios.

O "Marco Legal do Terceiro Setor" trouxe muitos avanços, mas também um crescimento desmedido do número de Organizações Não Governamentais – ONGs, o que, passado menos de uma década, redundou na abertura no Congresso Nacional da Comissão Parlamentar de Inquérito, conhecida como CPI das ONGs, tendo como objeto o repasse de recursos federais para ONGs e OSCIPs no período de 1999 até 8 de fevereiro de 2007, prazo estendido depois para até 30 de abril de 2009, conforme relatório da CPI.[176]

[176] "As duas últimas décadas foram marcadas pelo desenvolvimento do chamado "terceiro setor". Essa nova forma de organização social se notabilizou ao se constituir sob a forma de entidades sem fins lucrativos, conhecidas como Organizações Não-Governamentais (ONGs). A idéia (sic) de que o Estado necessita de parceiros para prestações de serviço consolidou-se na década de 1990. No início, as ONGs eram anunciadas como a solução moderna para preencher as lacunas deixadas pelo Estado e pelo mercado. O Estado, tido por muitos como lento e ineficiente, preso ao gigantismo da máquina burocrática, seria substituído por ações focadas de especialistas, motivados não pela ineficiência do Poder soberano, mas pelo altruísmo social. Parecia uma nova forma de organização humana, sem

O escopo da Comissão foi considerado amplo e impreciso, mas isso não impediu o ajuste do foco para o resultado apontar soluções aos problemas estruturais que infelizmente permitiram locupletamentos individualizados, muitos dos quais já haviam sido devidamente identificados em ações da Controladoria-Geral da União, do Tribunal de Contas da União, da Polícia Federal e do Ministério Público.

O relatório da CPI das ONGs concluído em 2010 determinou, entre outras iniciativas, a criação de controles mais rígidos e de fiscalização mais abrangente pelo Poder Público sobre os repasses, além de apresentar ao Congresso Nacional a revisão do Marco Legal do Terceiro Setor, com a propositura do Projeto de Lei do Senado – PLS 649/2011, apensado ao PL 7.168/2014, transformado na citada Lei 13.019/2014, o atual Marco Regulatório das Organizações da Sociedade Civil – MROSC.

O MROSC entrou em vigor no âmbito da União e dos Estados no dia 23 de janeiro de 2016 e para os Municípios em 1º de janeiro de 2017, sendo, portanto, legislação recente que está causando impacto no relacionamento entre as organizações e o Poder Público.

5.2 Antecedentes da lei anticorrupção

Os esforços para penalizar com maior rigor corruptos e corruptores não são recentes. No âmbito internacional, escândalos em países líderes no comércio exterior na década de 1970 foram embriões de legislação mais rigorosa, o que redundou em convenções internacionais específicas em âmbito mundial.

A legislação produzida nas três últimas décadas, bem como a adesão do Brasil a convenções internacionais visando o combate à corrupção, foi a base sobre a qual teve origem o Projeto de Lei 6.820/2010, que se transformou na Lei 12.846/2013, atualmente conhecida como Lei Anticorrupção.

O Brasil é signatário de importantes convenções, dentre as quais pode-se destacar três delas: a) Convenção sobre o Combate da Corrup-

os problemas conhecidos e insolúveis do aparelho estatal. As ONGs teriam a agilidade necessária para atuarem com eficiência, com objetivos que não a maximização do interesse individual." BRASIL. **Relatório Final CPI "Das ONGS"**. Congresso Nacional. Disponível em: https://www2.senado.leg.br/bdsf/handle/id/194594. Acesso em: 25 fev. 2019.

ção de Funcionários Públicos Estrangeiros em Transações Comerciais Internacionais, da Organização para a Cooperação e Desenvolvimento Econômico - OCDE, de 1997, ratificada pelo Decreto 3.678/2000; b) Convenção Interamericana Contra a Corrupção, de 1996, ratificada pelo Decreto 4.410/2002; c) Convenção das Nações Unidas contra a Corrupção, de 2003, ratificada pelo Decreto 5.687/2006.

A Lei Anticorrupção, traz como inovação na legislação brasileira, a penalização rigorosa também do corruptor, ou seja, do agente do setor privado, da responsabilização da autoridade pública, bem como os programas de integridade (Compliance) e o acordo de leniência, pelo qual a pessoa jurídica colabora efetivamente com as investigações e com o processo administrativo. Não se confunde com a colaboração premiada, que é relativa à pessoa física.

5.3 Aplicação da Lei anticorrupção no terceiro setor

A Lei 12.846/2013 tem aplicação para todas as pessoas jurídicas, dentre as quais as entidades sem fins lucrativos do Terceiro Setor, as chamadas organizações da sociedade civil. Já no primeiro artigo da Lei, em seu parágrafo único, está expressa a sua aplicação a estas associações e fundações de interesse social:

> Art. 1º Esta Lei dispõe sobre a responsabilização objetiva administrativa e civil de pessoas jurídicas pela prática de atos contra a administração pública, nacional ou estrangeira.
> Parágrafo único. Aplica-se o disposto nesta Lei às sociedades empresárias e às sociedades simples, personificadas ou não, independentemente da forma de organização ou modelo societário adotado, bem como a quaisquer fundações, associações de entidades ou pessoas, ou sociedades estrangeiras, que tenham sede, filial ou representação no território brasileiro, constituídas de fato ou de direito, ainda que temporariamente.

Portanto, a Lei á aplicável não somente às sociedades empresárias, estando incluídas no escopo da norma as entidades de interesse social. Todas as transferências de recursos dos órgãos públicos, os termos de contratos de gestão, os termos de parceria firmados com organizações da sociedade civil, os convênios, os contratos celebrados com instituições filantrópicas, os termos de colaboração e de fomento, os acordos de cooperação, estão sob o âmbito de abrangência da Lei Anticorrupção e qualquer conduta dos administradores públicos e dos dirigentes das entidades privadas do Terceiro Setor será submetida aos ditames da referida lei.

5.4 A responsabilização da entidade e dos dirigentes

A principal inovação da Lei Anticorrupção é a responsabilização objetiva da pessoa jurídica, independentemente de comprovação de culpa, em casos de atos lesivos previstos na lei. A responsabilização da pessoa jurídica não exclui a responsabilidade individual de seus dirigentes e administradores. Assim estão expressos os artigos 2º, 3º e 4º da lei:

> Art. 2º As pessoas jurídicas serão responsabilizadas objetivamente, nos âmbitos administrativo e civil, pelos atos lesivos previstos nesta Lei praticados em seu interesse ou benefício, exclusivo ou não.
> Art. 3º A responsabilização da pessoa jurídica não exclui a responsabilidade individual de seus dirigentes ou administradores ou de qualquer pessoa natural, autora, coautora ou partícipe do ato ilícito.
> § 1º A pessoa jurídica será responsabilizada independentemente da responsabilização individual das pessoas naturais referidas no *caput*.
> § 2º Os dirigentes ou administradores somente serão responsabilizados por atos ilícitos na medida da sua culpabilidade.
> Art. 4º Subsiste a responsabilidade da pessoa jurídica na hipótese de alteração contratual, transformação, incorporação, fusão ou cisão societária.

Além da responsabilização objetiva, em casos de desvios de finalidade das parcerias público privadas poderão ser impostas às organizações multas de até 20% do faturamento anual bruto ou 60 milhões de reais, reparação integral do dano, suspensão ou interdição das atividades, dissolução da entidade, bem assim a inscrição do nome da pessoa jurídica no Cadastro Nacional de Empresas Punidas-CNEP.

5.5 Programa de integridade

O programa de integridade está definido no art. 56 do Decreto nº 11,129/ 2022, que regulamenta a Lei Anticorrupção:

> Art. 56. Para fins do disposto neste Decreto, programa de integridade consiste, no âmbito de uma pessoa jurídica, no conjunto de mecanismos e procedimentos internos de integridade, auditoria e incentivo à denúncia de irregularidades e na aplicação efetiva de códigos de ética e de conduta, políticas e diretrizes, com objetivo de:
> I – prevenir, detectar e sanar desvios, fraudes, irregularidades e atos ilícitos praticados contra a administração pública, nacional ou estrangeira; e
> II – fomentar e manter uma cultura de integridade no ambiente organizacional.
> Parágrafo único. O programa de integridade deve ser estruturado, aplicado e atualizado de acordo com as características e os riscos atuais das atividades de cada pessoa jurídica, a qual, por sua vez, deve garantir o constante aprimoramento e a adaptação do referido programa, visando garantir sua efetividade.

Este "conjunto de mecanismos e procedimentos internos" são as ferramentas de integridade para a busca *de compliance* (Conformidade) com as regras gerais de atuação estabelecida pela legislação atual.

Estas ferramentas para alcançar a conformidade, passam inicialmente pela compreensão e adequação dos Estatutos da entidade, a definição de tarefas de órgãos, sua composição, autonomia, independência, funcionamento, atribuições e responsabilidade de cada integrante.

Em seguida, a entidade deve buscar implantar regras explicitas para o cumprimento dos controles externos, para a prestação de contas aos órgãos públicos e outros parceiros, calendários de cumprimento de obrigações principais e acessórias, atendimentos a requisitos de certificações, atualizações de certidões de regularidade perante os órgãos públicos, o fisco, tribunais de contas, ministério público e outros.

A entidade deve se atentar para o tipo de enquadramento legal. Caso seja instituída como OS – Organização Social –, é imprescindível a regulamentação dos espaços de participação de representantes da sociedade civil na fiscalização nos conselhos. Caso se enquadrem como entidades certificadas com o CEBAS – Certificado de Entidade Beneficente de Assistência Social, devem ser estabelecidos critérios de prestação de contas e cumprimentos das cotas de alunos bolsistas e percentuais de atendimentos gratuitos ao Sistema Único de Saúde, caso atuem na área de saúde.

Caso a entidade possua um programa de integridade, este fato será levado em conta na dosimetria das sanções a serem eventualmente aplicadas no Processo Administrativo de Responsabilização - PAR, desde que nos instrumentos de conformidade da entidade estejam estabelecidos os seguintes critérios contidos no art. 42 do decreto, quais sejam:

> I – comprometimento da alta direção da pessoa jurídica, incluídos os conselhos, evidenciado pelo apoio visível e inequívoco ao programa;
> II – padrões de conduta, código de ética, políticas e procedimentos de integridade, aplicáveis a todos os empregados e administradores, independentemente de cargo ou função exercida;
> III – padrões de conduta, código de ética e políticas de integridade estendidas, quando necessário, a terceiros, tais como, fornecedores, prestadores de serviço, agentes intermediários e associados;
> IV – treinamentos e ações de comunicação periódicos sobre o programa de integridade;
> V – gestão adequada de riscos, incluindo sua análise e reavaliação periódica, para a realização de adaptações necessárias ao programa de integridade e a alocação eficiente de recursos;
> VI – registros contábeis que reflitam de forma completa e precisa as transações da pessoa jurídica;
> VII – controles internos que assegurem a pronta elaboração e confiabilidade de relatórios e demonstrações financeiros da pessoa jurídica;
> VIII – procedimentos específicos para prevenir fraudes e ilícitos no âmbito de processos licitatórios, na execução de contratos administrativos ou em qualquer interação com o setor público, ainda que intermediada por terceiros, tal como pagamento de tributos, sujeição a fiscalizações, ou obtenção de autorizações, licenças, permissões e certidões;
> IX – independência, estrutura e autoridade da instância interna responsável pela aplicação do programa de integridade e fiscalização de seu cumprimento;
> X – canais de denúncia de irregularidades, abertos e amplamente divulgados a funcionários e terceiros, e de mecanismos destinados à proteção de denunciantes de boa-fé;
> XI – medidas disciplinares em caso de violação do programa de integridade;
> XII – procedimentos que assegurem a pronta interrupção de irregularidades ou infrações detectadas e a tempestiva remediação dos danos gerados;

XIII – diligências apropriadas, baseadas em risco, para:
a) contratação e, conforme o caso, supervisão de terceiros, tais como fornecedores, prestadores de serviço, agentes intermediários, despachantes, consultores, representantes comerciais e associados;
b) contratação e, conforme o caso, supervisão de pessoas expostas politicamente, bem como de seus familiares, estreitos colaboradores e pessoas jurídicas de que participem; e
c) realização e supervisão de patrocínios e doações;
XIV – verificação, durante os processos de fusões, aquisições e reestruturações societárias, do cometimento de irregularidades ou ilícitos ou da existência de vulnerabilidades nas pessoas jurídicas envolvidas;
XV – monitoramento contínuo do programa de integridade visando ao seu aperfeiçoamento na prevenção, na detecção e no combate à ocorrência dos atos lesivos previstos no art. 5º da Lei nº 12.846, de 2013.
§ 1º Na avaliação dos parâmetros de que trata o caput, serão considerados o porte e as especificidades da pessoa jurídica, por meio de aspectos como:
I – a quantidade de funcionários, empregados e colaboradores;
II – o faturamento, levando ainda em consideração o fato de ser qualificada como microempresa ou empresa de pequeno porte;
III – a estrutura de governança corporativa e a complexidade de unidades internas, tais como departamentos, diretorias ou setores, ou da estruturação de grupo econômico;
IV – a utilização de agentes intermediários, como consultores ou representantes comerciais;
V – o setor do mercado em que atua;
VI – os países em que atua, direta ou indiretamente;
VII – o grau de interação com o setor público e a importância de contratações, investimentos e subsídios públicos, autorizações, licenças e permissões governamentais em suas operações; e
VIII – a quantidade e a localização das pessoas jurídicas que integram o grupo econômico.
§ 2º A efetividade do programa de integridade em relação ao ato lesivo objeto de apuração será considerada para fins da avaliação de que trata o caput.

O Decreto também estabelece que a efetividade do programa de integridade será considerada em relação ao ato lesivo objeto de apuração para fins da avaliação de instalação do Processo Administrativo de Responsabilização. As ferramentas de controle interno – evidentemente trabalhosas e de custos consideráveis para implantação – se tornam cada mais uma exigência premente ante "o crescimento e a profissionalização que estão caracterizando cada vez mais as Organizações do Terceiro Setor, e a complexidade das relações mantidas sob os mais diversos aspectos impõe a necessidade de serem criadas e implementadas medidas internas de Compliance".[177]

Os custos dos programas de conformidade, no entanto, devem ser vistos não como um ônus, mas como um investimento que trará transparência e credibilidade para as organizações.

5.6 Necessidade legal do *compliance*

As entidades do terceiro setor, sobretudo aquelas que possuem parcerias com o Poder Público, seja no nível Municipal, Estadual ou Federal, devem se atentar para a Lei Anticorrupção com a finalidade de aprimorar os seus procedimentos internos, implantando maior transparência em seus dados, criação de regulamentos de conduta de seus dirigentes e prepostos, implantar programas de qualificação e profissionalização da gestão.

A importância de estatutos, regimentos internos, códigos de conduta e demais documentos institucionais balizados pela ideia de governança, além da correta prestação de contas a todas as partes envolvidas.

O resultado desta prática fortalecerá a instituição e contribuirá positivamente para a consolidação da credibilidade e da imagem do terceiro setor.

Conhecer quem são os parceiros de negócios, a maneira de atuação, o cumprimento das leis nacionais, o modo de relacionamento com os colaboradores, a origem legal das matérias primas utilizadas, o tratamento do meio-ambiente, entre outras práticas saudáveis, é fundamental para se firmar parceiras, sobretudo no nível internacional.

A Lei Anticorrupção, os atos de terceiros em benefício do contratante são suficientes para implicar as partes em ilícitos administrativos;

[177] GRAZIOLI, Airton; PAES, José Eduardo Sabo. **Compliance no Terceiro Setor**. Controle e Integridade nas Organizações da Sociedade Civil. São Paulo: Editora Elevação, 2018. p. 160.

A manutenção de programa de integridade, a efetiva aplicação dos códigos de ética, a regularidade das auditorias, além da limitação da responsabilidade, pode significar a redução de penalidades aplicáveis à entidade, em caso de ocorrência de abuso de poder por parte de prepostos.

Conclusão parcial

Embora o arcabouço de legislação anticorrupção necessite de aprimoramentos, que certamente virão com tempo, a maturidade dos atores, a percepção da sociedade, a compreensão das entidades, empresas, órgãos de fiscalização, Ministério Público e Judiciário, não restam dúvidas de que é uma legislação que venceu o primeiro lustro de vigência mostrando que não será uma lei sem efeitos concretos.

Os custos da não integridade são muito maiores e incalculáveis para o País, como também para as entidades e os usuários, pois colocam em situação de risco entidades, empregados, dirigentes, suas famílias, e acima de tudo, os usuários da política pública desenvolvida por estas organizações da sociedade civil.

Os programas de integridade devem ser vistos como um seguro investimento que trará transparência e credibilidade para as entidades do Terceiro Setor, além de proteção aos seus dirigentes e preservação dos usuários e beneficiários da atividade-fim das entidades.

Conclusões

O presente estudo demonstrou que a imunidade tributária das contribuições sociais inscrita como cláusula pétrea no § 7º, do art. 195 da Constituição Federal de 1988 é instrumento extrafiscal utilizado pelo Constituinte para obtenção de finalidades não arrecadatórias indutoras da realização de valores constitucionais com a finalidade de auxiliar no desenvolvimento social, na concretização dos objetivos sociais para a construção de uma sociedade livre, justa e solidária, a erradicação da pobreza e marginalização e redução das desigualdades sociais, entre outros valores expressos no artigo 3º da Magna Carta.

Conforme evidenciado a proteção a qualquer direito somente pode ser viabilizada mediante instituições e políticas públicas mantidas pelo Estado. E não qualquer estado, um estado forte, sendo a proteção financiada com dinheiro arrecadado dos impostos, ou deixado de ser arrecadado, via isenção e imunidade. Não importa se se trata da proteção de direitos clássicos ou direitos fundamentais protegidos pelo Estado Social.

Há diferença entre direitos e garantias. As disposições constitucionais *declaratórias* instituem os direitos, enquanto as disposições *assecuratórias* instituem as garantias, como ressalta Pedro Lenza: "Os direitos são bens e vantagens prescritos na norma constitucional, enquanto as garantias são instrumentos através dos quais se assegura o exercício dos aludidos direitos (preventivamente) ou prontamente os repara, caso violados".[178]

Se o direito à saúde ou o direito à educação, por exemplo, dependem de serviços hospitalares e educacionais eficientes, o direito à propriedade ou, como exemplo, o direito ao voto, dependem de um Poder Judiciário forte o suficiente para garantir e dar suporte os agentes a serviço do Estado que irão utilizar do poder de polícia para não deixar que a propriedade seja invadida e dilapidada e, também, irão manter a estrutura física, tecnológica, comunicacional, para garantir a colheita dos votos nas eleições.

Durante o estudo foram observadas muitas críticas sobre a política que rege as entidades beneficentes e a respeito dos custos econômicos dos programas sociais, da manutenção das entidades de assistência social incentivas pelo Estado a prover a manutenção de um sistema de garantia para a preservação de condições mínimas para o cuidado de cidadãos em condições de vulnerabilidade social. Há que se enfrentar argumentos de que os gastos com saúde, educação, assistência social, previdência social e outros, ou isenções e imunidades, são desperdícios sociais, enquanto a garantia de outros direitos, como liberdade de expressão, liberdade de religião, de propriedade, entre outros, não demandam o dispêndio de recursos públicos.

Como se demonstrou, é necessário que haja ponderações em ambos os argumentos. A construção de uma sociedade em que há liberdade de expressão, religião, propriedade e todas as demais liberdades, não se constrói com um Estado anêmico. A Constituição de 1988, ao priorizar os direitos sociais para a construção de uma sociedade fraterna, já no Pre-

[178] Lenza, Pedro. **Direito constitucional esquematizado.** 17ª ed. rev., atual. e ampl. São Paulo: Saraiva, 2013. p. 1031.

âmbulo da Carta Magna, concedeu o Norte sobre o qual a sociedade brasileira deveria alçar voo.

Uma reflexão atenta do Preâmbulo da Constituição Federal de 1988, nos relembra o desafio que foi lançado sobre as gerações futuras, a escolha de "valores supremos" para a construção de uma nação livre e democrática:

> Nós, representantes do povo brasileiro, reunidos em Assembléia Nacional Constituinte para instituir um Estado Democrático, destinado a assegurar o exercício dos direitos sociais e individuais, a liberdade, a segurança, o bem-estar, o desenvolvimento, a igualdade e a justiça como valores supremos de uma sociedade fraterna, pluralista e sem preconceitos, fundada na harmonia social e comprometida, na ordem interna e internacional, com a solução pacífica das controvérsias, promulgamos, sob a proteção de Deus, a seguinte CONSTITUIÇÃO DA REPÚBLICA FEDERATIVA DO BRASIL. [179]

O "exercício dos direitos sociais e individuais, a liberdade, a segurança, o bem-estar, o desenvolvimento, a igualdade e a justiça" são preceitos a serem perseguidos como **valores supremos** para a construção de uma sociedade fraterna, pluralista e sem preconceitos.

E não se conquista valores, não se preserva valores, sem custos. A sociedade se comprometeu via contrato social, a manter os custos para a concretização de tais valores.

Os direitos sociais nunca se opõem, antes complementam as liberdades tradicionais. Os direitos econômicos e sociais são um prolongamento dos direitos e garantias individuais, contemplando a pessoa, além de sua qualidade singular, "para garantir seus direitos de participação na sociedade, a substituição de um conceito de justiça distributiva pela justiça

[179] BRASIL. Constituição Federal de 1988. Disponível em: https://www.planalto.gov.br/ccivil_03/constituicao/constituicao.htm. Acesso em: 29 jan. 2023. No texto original, o vocábulo Assembleia está grafado como era antes do Acordo Ortográfico da Língua Portuguesa, aprovado pelo Decreto n. 6.583, de 29 de setembro de 2008.

comutativa que deve levar em conta as desigualdades individuais", como ressalta Caio Tácito.[180]

Para a eficácia dos direitos sociais, "o Estado torna-se um continuado prestador de serviços, cuja exigibilidade configura um dos relevantes aspectos dos direitos do cidadão. A abstenção do Poder Público, omisso na continuidade de suas prestações, é tão abusiva como a violação dos direitos individuais".[181]

É verdade que o preâmbulo da Constituição não é dotado de força normativa, mas vale como princípio informador da Constituição. O voto do Ministro Carlos Velloso no julgamento da ADI 2076-AC [182] demonstrou que "o preâmbulo não se situa no âmbito do Direito, mas no domínio da política, refletindo posição ideológica do constituinte."

Ou seja, embora o preâmbulo de uma Carta Constitucional não se coloca em pé de igualdade com as demais normas constitucionais, ele "contém regra, proclamação ou exortação no sentido dos princípios inscritos na Carta".[183]

Em democracias como o Brasil, os direitos sociais e econômicos estão constitucionalizados. As garantias mínimas estão classificadas pelo Constituinte de 1988 como direitos humanos fundamentais.

Os desafios postos pelo Constituinte em sua exortação preambular são enormes, uma vez que, como sabemos, não é tão simples implementar dar concretude a uma sociedade justa, solidária, fraterna, que garanta ao conjunto dos cidadãos alimento, moradia, assistência médica, trabalho, educação, entre outros. A verdade, no entanto, é que todos os direitos dependem de condições favoráveis da economia e das finanças públicas.

A Constituição garante, por exemplo, o direito ao meio-ambiente saudável, sendo um dever do Poder Público, em todas as esferas, proteger o meio-ambiente e combater a poluição (art. 23, VI). No entanto, como se

[180] TÁCITO, Caio. 1988. Constituições Brasileiras, Volume VII. 3. ed. Brasília: Senado Federal, Coordenação de Edições Técnicas, 2015. P. 19.

[181] Tácito, Caio. op. cit., p. 20 e 21.

[182] BRASIL. Supremo Tribunal Federal. Voto Min. Carlos Velloso. Acordão ADI 2.076-AC, Rel. Min. Carlos Velloso, 15.08.2002, DJ, 08.08.2003. Disponível em: https://redir.stf.jus.br/paginadorpub/paginador.jsp?docTP=AC&docID=375324. Acesso em: 29 jan. 2023.

[183] BRASIL. Supremo Tribunal Federal. ADI 2.076-AC, op. cit.

sabe, a proteção ambiental é uma atividade estatal caríssima. Enquanto este trabalho está sendo produzido, a Mídia mostra os desafios que o Brasil enfrenta com garimpos ilegais em reservas indígenas e as imagens dramáticas das condições de saúde dos povos originários na Amazônia brasileira. Todos os direitos humanos individuais violados destas populações, o cuidado com espécies da fauna e flora ameaçados de extinção, tudo depende de investimentos bilionários que o Estado deve dispor para sua proteção.

A própria Constituição em 1988, afirmou pela primeira vez a existência de direitos coletivos (art. 5º ao 11); estabeleceu e fortaleceu instituições, como o Ministério Público (art. 129) e a Defensoria Pública (art. 134) e criou instrumentos para a tutela do direito ameaçado ou violado, como a ação civil pública (art. 129, III) para a defesa e proteção dos diretos coletivos, difusos, individuais homogêneos (Código de Defesa do Consumidor – Lei) ou transindividuais, metaindividuais, plurindividuais, ou outras denominações utilizadas pela doutrina ou por acordos internacionais.

Como lembra Edilson Vitorelli, debatendo sobre o dilema para a definição de titularidade dos direitos, "é verdade, todavia, que o próprio Constituinte não deixou no texto muitas evidências sobre o que estava chamando de "direitos coletivos".[184] Ele argumenta que a Constituição garante a liberdade, a igualdade e a segurança, sem as definir como liberdade individual ou liberdade coletiva, igualdade individual ou igualdade coletiva, segurança individual ou segurança coletiva, por exemplo.

Por exemplo, a Constituição garante, no art. 125, que "**Todos** têm direito **ao meio ambiente ecologicamente equilibrado**, bem de uso comum do povo e essencial à sadia qualidade de vida, impondo-se ao Poder Público e à coletividade o dever de defendê-lo e preservá-lo para as presentes e futuras gerações".

Vitorelli pontua que, são direitos de "todos". "E, sendo de todos, a lesão a esses direitos lesa a todos, da mesma forma que a reparação repara a todos".[185]

[184] VITORELLI, Edilson. **O devido processo legal coletivo**. Dos direitos aos litígios coletivos. (Coleção o novo processo civil / coordenadores Luiz Guilherme Marinoni, Sérgio Cruz Arenhart, Daniel Mitidiero), 2. ed. rev., atual e ampl., São Paulo: Thomson Reuters Brasil/Revista dos Tribunais, 2019. p. 36.

[185] VITORELLI, Edilson. op. cit., p. 60.

Como demonstrado no exemplo, os direitos relativos ao meio ambiente acabam tendo reflexo a toda a população, e em alguns casos, não apenas à população próxima ao ambiente afetado, mas a toda a população local e até do planeta. Na ocorrência de algum dano ou mesmo um benefício este acabará afetando, direta ou indiretamente, a qualidade de vida de todos. Como questiona Vitorelli, "Todos" do Brasil ou "todos" do mundo?[186] Em vista da dificuldade de se determinar a amplitude do dano ou do benefício, ou a titularidade do direito, é manifestamente utópica a ideia de buscar reparação ou pagamento de custos fora do país, o que seria admitido somente em situações globais muito específicas.

Por esta razão, o Constituinte outorgou ao Estado, receptor dos tributos recolhidos de todos, o dever e o pagamento do custo para a defesa e proteção deste direito.

O mesmo pode ser dito dos direitos sociais. Compete ao Estado, em colaboração com a sociedade civil, empreender esforços no sentido da concretização dos "valores supremos" gravados no granito constitucional no art. 6º da CF: "Art. 6º São direitos sociais a educação, a saúde, **a alimentação**, o trabalho, **a moradia, o transporte**, o lazer, a segurança, a previdência social, a proteção à maternidade e à infância, a assistência aos desamparados, na forma desta Constituição." (Grifos nossos).

No texto original do art. 6º não estavam no rol dos direitos sociais a moradia, a alimentação e o transporte, sendo que a moradia foi incluída na CF em 2000[187], a alimentação em 2010[188] e o transporte em 2015[189].

Na justificativa da Proposta de Emenda à Constituição, o proponente, deputado Mauro Miranda, PMDB/GO alegou que "as atuais condições de moradia de milhões de brasileiros chegam a ser deprimentes e configuram verdadeira "chaga social" para grande parte das Metrópoles do País." [190] A proposta foi aprovada sendo que o Parlamento reconheceu

[186] Vitorelli, Edilson. op. cit., p. 64.

[187] BRASIL. Emenda Constitucional nº 26, de 2000 (DOU 15/2/2000).

[188] BRASIL. Emenda Constitucional nº 64, de 2010 (DOU 5/2/2010).

[189] BRASIL. Emenda Constitucional nº 90, de 2015 (DOU 16/9/2015).

[190] BRASIL. Diário da Câmara dos Deputados, 15/12/1998, p. 29023. Disponível em: http://imagem.camara.gov.br/Imagem/d/pdf/DCD15DEZ1998.pdf#page=43. Acesso em: 29 jan. 2023.

que a moradia se constitui como "a célula básica a partir da qual se desenvolvem todos os demais direitos constitucionais".[191]

Com relação à inclusão do direito à alimentação, os autores da proposta argumentam que esse direito já foi reconhecido na II Conferência Internacional de Direitos Humanos, que teve lugar em Viena, no ano de 1993, e que culminou com promulgação da Declaração de Viena, documento assinado pelo Brasil. Demonstram ainda, através de números, que uma grande parcela do povo brasileiro vive em estado miserável e que a fome crônica prejudica a capacidade intelectual e física da população.

> O direito à alimentação está previsto na Declaração de Viena, documento assinado pelo Brasil durante a II Conferência Internacional de Direitos Humanos, no ano de 1993. Embora esse documento não possua um caráter vinculativo na forma do § 2º do artigo 5º da Constituição Federal, uma vez que não se trata de um tratado internacional, percebe-se a preocupação dos governantes mundiais em relação a um assunto que aflige grande parcela da população mundial.[192]

Idênticas justificativas se deram com a inclusão do transporte como direito social na CF, a Proposta de Emenda à Constituição, de autoria da Deputada Luiza Erundina, anotou que o transporte, "notadamente o público, cumpre função social vital, uma vez que o maior ou menor acesso aos meios de transporte pode tornar-se determinante à própria emancipação social e o bem-estar daqueles segmentos que não possuem meios próprios de locomoção."[193]

[191] BRASIL. Diário da Câmara dos Deputados, 15/12/1998, p. 29023. Disponível em: http://imagem.camara.gov.br/Imagem/d/pdf/DCD15DEZ1998.pdf#page=43. Acesso em: 29 jan. 2023.

[192] BRASIL. Câmara dos Deputados. PEC-47/2003. Disponível em: https://www.camara.leg.br/proposicoesWeb/prop_mostrarintegra?codteor=288458&filename=Tramitacao-PEC%2047/2003. Acesso em 29 jan. 2023.

[193] BRASIL. Câmara dos Deputados. PEC-90C/2011. Disponível em: https://www.camara.leg.br/proposicoesWeb/prop_mostrarintegra;jsessionid=node01r0jg3lxmvslq15567v2k60pr620461595.node0?codteor=1200639&filename=Avulso+-PEC+90/2011. Acesso em: 29 jan. 2023.

A inclusão de tais direitos na Constituição não foi rejeitada pelo Parlamento, uma vez que o argumento que prevaleceu é que os direitos e garantias fundamentais fazem parte da lista das cláusulas pétreas (Inciso IV, do § 4º do art. 60 da CF), no entanto, o entendimento majoritário foi no sentido de que são inconstitucionais apenas as emendas que tencionem abolir qualquer uma das salvaguardas manifestadas na Constituição, mas as emendas objetivando modificá-los encontram amparo, devendo restringir-se a temas pertinentes, que não alterem o núcleo essencial das matérias estatuídas.

Com muita segurança podemos concluir que foi acertada a inclusão pelo Constituinte de 1988 da imunidade tributária ampliada das entidades beneficentes (EBAS) que são contempladas pela imunidade de impostos prevista no art. 150 da CF, e, igualmente, pela imunidade das contribuições sociais previstas no Art. 195, § 7º da Constituição.

Os valores considerados com "Gasto Tributário" pela Lei de Diretrizes Orçamentária – LDO, projetado para o ano de 2023 supera R$ 13.000.000,000,00 (treze bilhões de reais), conforme apresentados nos dados levantados pelo presente trabalho, representam apenas 2,16% (dois inteiros e dezesseis décimos) do total do gasto tributário nacional, enquanto o retorno apresentado é muito significativo. Como ficou demonstrado, a cada R$ 1,00 (um real) de benefício fiscal, as entidades devolvem em gratuidade R$ 9,72 (Nove reais e setenta e dois centavos). Ou seja, as entidades filantrópicas, beneficentes de assistência social retornam quase 10 (dez) vezes mais em benefícios para a sociedade brasileira.

A promulgação da Lei Complementar 187/2021 e do Decreto 11.791/2023, com um prazo de quase dois anos para regulamentar a lei, apesar de cumprir formalmente a decisão do Supremo Tribunal Federal, contém pontos de avanço, porém há muitos pontos controvertidos que eventualmente poderão desaguar no Judiciário.

Certamente, o Estado brasileiro deve continuar motivando a sociedade civil a se comprometer cada vez com a importante e fundamental área do Terceiro Setor, uma vez que o estudo demonstra que é compensador para a sociedade a concessão de benefícios tributários como normas indutoras, que resultam no atendimento e na concretização dos direitos sociais em cumprimento ao propósito do Constituinte de 1988 de buscar a promoção do desenvolvimento nacional, a erradicação da pobreza e a redução das desigualdades sociais por meio do engajamento de toda a sociedade.

REFERÊNCIAS

ANÁLISE da Seguridade Social 2021. ANFIP/ Fundação ANFIP de Estudos Tributários e da Seguridade Social – 22. ed. Brasília: ANFIP, 2022.

ATALIBA, Geraldo. **IPTU: progressividade**. *In* Revista de Direito Público. V. 23, n. 93, jan/mar., 1990.

BRASIL. Biblioteca Digital Câmara dos Deputados. ***Collecção das Leis do Brazil de 1808.*** Decisão 2, de 18 de fevereiro de 1808. Disponível em: https://bd.camara.leg.br/bd/handle/bdcamara/18319. Acesso em: 20 jan. 2023.

BRASIL. **Código Tributário Nacional**. Lei 5.172, de 25 de outubro de 1996. Disponível em: http://www.planalto.gov.br/ccivil_03/leis/l5172compilado.htm. Acesso em: 12 jan. 2023.

BRASIL. [Constituição (1988)]. **Constituição da República Federativa do Brasil**: texto constitucional promulgado em 5 de outubro de 1988, compilado até a Emenda Constitucional nº. Brasília, DF: Presidência da República, [2016].

BRASIL. **Constituição (1988)**. Disponível em: http://www.planalto.gov.br/ccivil_03/constituicao/constituicao.htm. Acesso em: 12 jan. 2023.

BRASIL. **Decreto-Lei nº 1572, de 1º de setembro de 1977**. Revoga a Lei nº 3.577, de 4 de julho de 1959, e dá outras providências. Disponível em: https://www.planalto.gov.br/ccivil_03/decreto-lei/1965-1988/del1572.htm. Acesso em: 12 jan. 2023.

BRASIL. **Decreto nº 752, de 16 de fevereiro de 1993**. Dispõe sobre a concessão do Certificado de Entidade de Fins Filantrópicos, a que se refere o art. 55, inciso II, da Lei nº 8.212, de 24 de julho de 1991, e dá outras providências. Disponível em: http://www.planalto.gov.br/ccivil_03/decreto/d752.htm. Acesso em: 12 jan. 2023.

BRASIL, **Decreto 2.536, de 6 de abril de 1998**. Dispõe sobre a concessão do Certificado de Entidade de Fins Filantrópicos a que se refere o inciso IV do art. 18 da Lei nº 8.742, de 7 de dezembro de 1993, e dá outras providências. Disponível em: http://www.planalto.gov.br/ccivil_03/decreto/d2536.htm. Acesso em: 15 jan. 2023.

BRASIL. **Decreto 3.048, de 6 de maio de 1999**. Disponível em: http://www.planalto.gov.br/ccivil_03/decreto/D3048.htm. Acesso em: 15 jan. 2023.

BRASIL. **Decreto nº 3.678, de 30 de novembro de 2000**. Disponível em: http://www.planalto.gov.br/ccivil_03/decreto/D3678.htm. Acesso em: 12 fev. 2024.

BRASIL. **Decreto nº 4.410, de 7 de outubro de 2002**. Disponível em: http://www.planalto.gov.br/ccivil_03/decreto/2002/D4410.htm. Acesso em: 12 fev. 2024.

BRASIL. **Decreto nº 5.687, de 31 de janeiro de 2006**. Disponível em: http://www.planalto.gov.br/ccivil_03/_Ato2004-2006/2006/Decreto/D5687.htm. Acesso em: 12 fev. 2024.

BRASIL. **Decreto 8.242, de 23 de maio de 2014**. Disponível em: http://www.planalto.gov.br/ccivil_03/_Ato2011-2014/2014/Decreto/D8242.htm. Acesso em: 15 jan. 2023.

BRASIL. **Decreto nº 11.129, de 11 de julho de 2022**, regulamenta a Lei nº 12.846, de 1º de agosto de 2013, que dispõe sobre a responsabilização administrativa e civil de pessoas jurídicas pela prática de atos contra a administração pública, nacional ou estrangeira. Disponível em: https://www.planalto.gov.br/ccivil_03/_Ato2019-2022/2022/Decreto/D11129.htm#art70. Acesso em: 25 fev. 2024.

BRASIL. **Decreto 11.791, de 21 de novembro de 2023**. Disponível em: https://www.planalto.gov.br/ccivil_03/_Ato2023-2026/2023/Decreto/D11791.htm. Acesso em: 18 fev. 2024.

BRASIL. **Lei nº 8.212, de 24 de julho de 1991**. Dispõe sobre a organização da Seguridade Social, institui Plano de Custeio, e dá outras providências. Disponível em: https://www.planalto.gov.br/ccivil_03/leis/l8212cons.htm. Acesso em 25 fev. 2024.

BRASIL. **Lei nº 8.429, de 2 de junho de 1992**. Disponível em: http://www.planalto.gov.br/ccivil_03/leis/l8429.htm. Acesso em: 13 fev. 2024.

BRASIL. **Lei nº 8.666, de 21 de junho de 1993**. Disponível em: http://www.planalto.gov.br/ccivil_03/leis/l8666cons.htm. Acesso em: 14 dez. 2023.

BRASIL. **Lei 8.742, de 7 de dezembro de 1993**. Disponível em: http://www.planalto.gov.br/ccivil_03/leis/l8742.htm. Acesso em: 14 dez. 2023.

BRASIL. **Lei 9.532, de 10 de dezembro de 1997**. Disponível em: http://www.planalto.gov.br/ccivil_03/leis/L9532.htm. Acesso em: 14 dez. 2023.

BRASIL. **Lei nº 9.613, de 3 de março de 1998**. Disponível em: http://www.planalto.gov.br/ccivil_03/leis/L9613.htm. Acesso em: 12 fev. 2024.

BRASIL. **Lei 9.732, de 11 de dezembro de 1998.** Disponível em: http://www.planalto.gov.br/ccivil_03/leis/l9732.htm#:~:text=Altera%20dispositivos%20das%20Leis%20n,Art. Acesso em: 13 dez. 2023.

BRASIL. **Lei nº 9.784, de 29 de janeiro de 1999.** Disponível em: http://www.planalto.gov.br/ccivil_03/leis/l9784.htm. Acesso em: 14 dez. 2023.

BRASIL. **Lei nº 10.467, de 11 de junho de 2002**. Disponível em: http://www.planalto.gov.br/ccivil_03/leis/2002/L10467.htm. Acesso em: 12 fev. 2024.

BRASIL. **Lei nº 10.684, de 30 de maio de 2003**. Altera a legislação tributária, dispõe sobre parcelamento de débitos junto à Secretaria da Receita Federal, à Procuradoria-Geral da Fazenda Nacional e ao Instituto Nacional do Seguro Social e dá outras providências. Disponível em: http://www.planalto.gov.br/ccivil_03/leis/2003/l10.684.htm. Acesso em: 14 dez. 2022.

BRASIL. **Lei nº 11.096, de 13 de janeiro de 2005**. Institui o Programa Universidade para Todos – PROUNI, regula a atuação de entidades beneficentes de assistência social no ensino superior; altera a Lei nº 10.891, de 9 de julho de 2004, e dá outras providências. Disponível em: http://www.planalto.gov.br/ccivil_03/_ato2004-2006/2005/lei/l11096.htm. Acesso em: 10 out. 2022.

BRASIL. **Lei nº 12.101, de 27 de novembro de 2009**. Dispõe sobre a certificação das entidades beneficentes de assistência social; regula os procedimentos de isenção de contribuições para a seguridade social; altera a Lei nº 8.742, de 7 de dezembro de 1993; revoga dispositivos das Leis nºs 8.212, de 24 de julho de 1991, 9.429, de 26 de dezembro de 1996, 9.732, de 11 de dezembro de 1998, 10.684, de 30 de maio de 2003, e da Medida Provisória nº 2.187-13, de 24 de agosto de 2001; e dá outras providências. Disponível em: http://www.planalto.gov.br/ccivil_03/_ato2007-2010/2009/lei/l12101.htm. Acesso em: 10 out. 2022.

BRASIL. **Lei nº 12.529, de 30 de novembro de 2011**. Disponível em: http://www.planalto.gov.br/ccivil_03/_ato2011-2014/2011/lei/l12529.htm. Acesso em: 12 fev. 2024.

BRASIL. **Lei nº 12.683, de 9 de julho de 2012**. Disponível em: http://www.planalto.gov.br/ccivil_03/_Ato2011-2014/2012/Lei/L12683.htm. Acesso em: 12 fev. 2024.

BRASIL. **Lei nº 12.846, de 1 de agosto de 2013**. Disponível em: http://www.planalto.gov.br/ccivil_03/_ato2011-2014/2013/lei/l12846.htm. Acesso em: 13 fev. 2024.

BRASIL. **Lei nº 12.868, de 15 de outubro de 2013**. Altera a Lei nº 12.793, de 2 de abril de 2013, para dispor sobre o financiamento de bens de consumo duráveis a beneficiários do Programa Minha Casa, Minha Vida (PMCMV); constitui fonte adicional de recursos para a Caixa Econômica Federal; altera a Lei nº 12.741, de 8 de dezembro de 2012, que dispõe sobre as medidas de esclarecimento ao consumidor, para prever prazo de aplicação das sanções previstas na Lei nº 8.078, de 11 de setembro de 1990; altera as Leis nº 12.761, de 27 de dezembro de 2012, nº 12.101, de 27 de novembro de 2009, nº 9.532, de 10 de dezembro de 1997, e nº 9.615, de 24 de março de 1998; e dá outras providências. Disponível em: http://www.planalto.gov.br/ccivil_03/_ato2011-2014/2013/lei/l12868.htm. Acesso em: 10 out. 2022.

BRASIL. **Lei nº 13.019, de 31 de julho de 2014**. Estabelece o regime jurídico das parcerias entre a administração pública e as organizações da sociedade civil, em regime de mútua cooperação, para a consecução de finalidades de interesse público e recíproco, mediante a execução de atividades ou de projetos previamente estabelecidos em planos de trabalho inseridos em termos de colaboração, em termos de fomento ou em acordos de cooperação; define diretrizes para a política de fomento, de colaboração e de cooperação com organizações da sociedade civil; e altera as Leis nºs 8.429, de 2 de junho de 1992, e 9.790, de 23 de março de 1999. (Redação dada pela Lei nº 13.204, de 2015) Disponível em: http://www.planalto.gov.br/ccivil_03/_ato2011-2014/2014/lei/l13019.htm. Acesso em: 14 out. 2022.

BRASIL. **Lei nº 14.350, de 25 de maio de 2022**. Altera as Leis nºs 11.096, de 13 de janeiro de 2005, e 11.128, de 28 de junho de 2005, e a Lei Complementar nº 187, de 16 de dezembro de 2021, para aperfeiçoar a sistemática de operação do Programa Universidade para Todos (Prouni). Disponível em: http://www.planalto.gov.br/ccivil_03/_ato2019-2022/2022/lei/L14350.htm#:~:text=LEI%20N%C2%BA%2014.350%2C%20DE%2025%20DE%20MAIO%20DE%202022&text=Altera%20as%20Leis%20n%C2%BAs%2011.096,Universidade%20para%20Todos%20(Prouni). Acesso em: 9 out 2023.

BRASIL. Lei Complementar nº 101, de 4 de maio de 2000. Disponível em: http://www.planalto.gov.br/ccivil_03/leis/lcp/lcp101.htm. Acesso em: 12 fev. 2024.

BRASIL. Lei Complementar nº 105, de 10 de janeiro de 2001. Disponível em: http://www.planalto.gov.br/ccivil_03/leis/LCP/Lcp105.htm. Acesso em: 12 fev. 2024.

BRASIL. Lei Complementar nº 135, de 4 de junho de 2010. Disponível em: http://www.planalto.gov.br/ccivil_03/leis/lcp/lcp135.htm. Acesso em: 12 fev. 2024.

BRASIL. **Lei Complementar nº 187, de 16 de dezembro de 2021**. Dispõe sobre a certificação das entidades beneficentes e regula os procedimentos referentes à imunidade de contribuições à seguridade social de que trata o § 7º do art. 195 da Constituição Federal; altera as Leis nos 5.172, de 25 de outubro de 1966 (Código Tributário Nacional), e 9.532, de 10 de dezembro de 1997; revoga a Lei nº 12.101, de 27 de novembro de 2009, e dispositivos das Leis nos 11.096, de 13 de janeiro de 2005, e 12.249, de 11 de junho de 2010; e dá outras providências. Disponível em: http://www.planalto.gov.br/ccivil_03/leis/LCP/Lcp187.htm. Acesso em: 25 fev. 2024.

BRASIL. **Lei Complementar 187/2021. Promulgação partes vetadas**. Disponível em: http://www.planalto.gov.br/ccivil_03/leis/lcp/Lcp187.htm#promulgacao. Acesso em: 25 fev. 2024.

BRASIL. **Medida Provisória nº 2.187-13, de 24 de agosto de 2001**. Dispõe sobre o reajuste dos benefícios mantidos pela Previdência Social, e altera dispositivos das Leis nos 6.015, de 31 de dezembro de 1973, 8.212 e 8.213, de 24 de julho de 1991, 8.742, de 7 de dezembro de 1993, 9.604, de 5 de fevereiro de 1998, 9.639, de 25 de maio de 1998, 9.717, de 27 de novembro de 1998, e 9.796, de 5 de maio de 1999, e dá outras providências. Disponível em: http://www.planalto.gov.br/ccivil_03/mpv/2187-13.htm. Acesso em: 10 out. 2022.

BRASIL. Câmara dos Deputados. **PEC-47/2003**. Disponível em: https://www.camara.leg.br/proposicoesWeb/prop_mostrarintegra?codteor=288458&filename=Tramitacao-PEC%2047/2003. Acesso em 29 jan. 2023.

BRASIL. Câmara dos Deputados. **PEC-90C/2011**. Disponível em: https://www.camara.leg.br/proposicoesWeb/prop_mostrarintegra;jsessionid=node01r0jg3lxmvslq15567v2k60pr620461595.node0?codteor=1200639&filename=Avulso+-PEC+90/2011. Acesso em: 29 jan. 2023.

BRASIL. Câmara dos Deputados. **Projeto de Lei Complementar – PLP 134, de 21 de maio de 2019**. Disponível em: https://www.camara.leg.br/proposicoesWeb/fichadetramitacao?idProposicao=2203957. Acesso em: 12 out. 2022.

BRASIL. **Diário da Câmara dos Deputados**, 15/12/1998, p. 29023. Disponível em: http://imagem.camara.gov.br/Imagem/d/pdf/DCD15DEZ1998.pdf#page=43. Acesso em: 29 jan. 2023.

BRASIL. **Emenda Constitucional nº 26**, de 2000 (DOU 15/2/2000).

BRASIL. **Emenda Constitucional nº 64**, de 2010 (DOU 5/2/2010).

BRASIL. **Emenda Constitucional nº 90**, de 2015 (DOU 16/9/2015).

BRASIL. **PLDO 2023**. Projeto de Lei do Congresso Nacional nº 5 de 2022. Anexo IV. Metas Fiscais IV. 10 – Renúncia de Receita Administrada pela RFB e Previdência. Ano: 2023. (Art. 4º, § 2º, inciso V, da Lei Complementar no 101, de 4 de maio de 2000). Disponível em: https://www.congressonacional.leg.br/materias/materias-orcamentarias/pldo-2023. Acesso em: 18 jan. 2023.

BRASIL, Instituto de Pesquisas Aplicadas. LOPES, Felix Garcia (organizador). **Perfil das Organizações da Sociedade Civil no Brasil**. Brasília 2018. Disponível em: http://www.ipea.gov.br/portal/index.php?option=com_content&view=article&id=33432&catid=410&Itemid=433. Acesso em: 12 fev. 2024.

BRASIL. **Relatório Final CPI "Das ONGS"**. Congresso Nacional. Disponível em: https://www2.senado.leg.br/bdsf/handle/id/194594. Acesso em: 18 jan. 2023.

BRASIL. **Supremo Tribunal Federal.** Ação Direta de Inconstitucionalidade ADI 4891. Reqte: Conselho Federal da Ordem dos Advogados do Brasil. Intdo: Presidente da República e Presidente da Câmara dos Deputados. Relator: Min. Gilmar Mendes. Relator do último incidente: Gilmar Mendes (ADI-ED-segundos). Retirado do julgamento virtual em 26/03/2020. Disponível em: http://portal.stf.jus.br/processos/detalhe.asp?incidente=4347847. Acesso em: 15 nov. 2022.

BRASIL. **Supremo Tribunal Federal**. Ação Direta de Inconstitucionalidade ADI 2028. Reqte: Confederação Nacional de Saúde-Hospitais, Estabelecimentos e Serviços – CNS. Intdo: Presidente da República e Congresso Nacional. Relator: Min. Joaquim Barbosa. Relator do último incidente: Min. Rosa Weber (ADI-ED-segundos. Trânsito em julgado em 16/05/2020. Disponível em: http://portal.stf.jus.br/processos/detalhe.asp?incidente=1768733. Acesso em: 15 nov. 2022.

BRASIL. **Supremo Tribunal Federal**. Ação Direta de Inconstitucionalidade ADI 7563. Reqte: Confederação Nacional de Estabelecimentos de Ensino – Confenem e outras. Intdo: Presidente da República e Congresso Nacional. Relator: Min. André Mendonça. Disponível em: https://portal.stf.jus.br/processos/detalhe.asp?incidente=6817727. Acesso em: 18 fev. 2024.

BRASIL. **Supremo Tribunal Federal**. Voto Min. Carlos Velloso. Acordão ADI 2.076-AC, Rel. Min. Carlos Velloso, 15.08.2002, DJ, 08.08.2003. Disponível em: https://redir.stf.jus.br/paginadorpub/paginador.jsp?docTP=AC&docID=375324. Acesso em: 12 fev. 2024.

BRASIL. **Tribunal de Contas da União**. Acórdãos 822 e 823 TCU Plenário. Disponível em: https://eaud.cgu.gov.br/relatorios/?colunaOrdenacao=dataPublicacao&direcaoOrdenacao=DESC&tamanhoPagina=15&offset=0&titulo=201801655&fixos=#lista. Acesso em: 12 fev. 2024.

BRASIL. **Controladoria Geral da União**. Relatório de Auditoria Ordem de Serviço OS 201801655. Disponível em: https://eaud.cgu.gov.br/relatorios/?colunaOrdenacao=dataPublicacao&direcaoOrdenacao=DESC&tamanhoPagina=15&offset=0&titulo=201801655&fixos=#lista. Acesso em: 13 fev. 2024.

BRASIL. **Ministério da Educação.** Portaria Normativa Nº 15, de 11 de agosto de 2017. Disponível em: http://portal.mec.gov.br/index.php?option=com_docman&view=download&alias=78751-port-norm-15-de-11-08-2017-pdf&category_slug=dezembro-2017-pdf&Itemid=30192. Acesso em: 13 fev. 2024.

BRASIL. **Ministério da Saúde.** Portaria de Consolidação Nº 1, de 28 de setembro de 2017. Disponível em: http://bvsms.saude.gov.br/bvs/saudelegis/gm/2017/prc0001_03_10_2017.html. Acesso em: 13 fev. 2024.

BRASIL. Ministério da Saúde. Secretaria de Atenção à Saúde. Departamento de Certificação de Entidades Beneficentes de Assistência Social em Saúde. **O caminho para a certificação.** 2. ed. – Brasília: Ministério da Saúde, 2013.

BALEEIRO, Aliomar. **Direito tributário brasileiro**. 8ª. ed. Atualizada por Mizabel Abreu Machado Derzi. Rio de Janeiro, Forense, 2010.

BALEEIRO, Aliomar. **Direito tributário brasileiro**. 11ª. ed. Atualizada por Mizabel Abreu Machado Derzi. Rio de Janeiro, Forense, 1999.

BOBBIO, Norberto, 1909-2004. **Jusnaturalismo e positivismo jurídico**. Tradução Jaime A. Clasen; Revisão técnica Marcelo Granato. 1ª. ed. São Paulo: Editora Unesp; Instituto Norberto Bobbio, 2016.

BOBBIO, Norberto. **A era dos direitos**. Tradução Carlos Nelson Coutinho; apresentação de Celso Lafer. Nova Ed. 7. Impressão, Elsevier, Rio de Janeiro, 2004.

BONAVIDES, Paulo. **Teoria Geral do Estado**. 11 ed. rev. e aumentada. São Paulo: Malheiros Editores. 2018.

BORGES, José Souto Maior. **Teoria da Isenção Tributária**. 3. ed. 3. tiragem. São Paulo: Malheiros, 2011.

BUSHATSKY, Jaques. **Código tributário nacional e sistema constitucional** / Jaques Bushatsky. – São Paulo: IOB Thomson, 2006.

CARRAZZA. Roque Antonio. Curso de Direito Constitucional Tributário. 30. ed. revista, ampl. e atual até a Emenda Constitucional n. 84/2014. São Paulo: Malheiros Editores, 2015.

CARRAZZA, Roque Antonio. **Fórum Nacional de Instituições Filantrópicas – FONIF – PEC 287/2016** Sua não-repercussão nas imunidades tributárias contempladas nos arts. 150, VI, C, e 195, § 7º, da CF – Questões Conexas.

CITTADINO, Gisele. **Pluralismo, Direito e Justiça Distributiva:** Elementos de Filosofia Constitucional Contemporânea. 5 ed, – Andradina: Meraki, 2020.

CARNEIRO, Maria Luiza Tucci. *In:* **Olhares de Liberdade.** CIP. Espaço de resistência e memória. Textos de Dr. Ruben Sternschein ...[etal.]; Maria Luiza Tucci Carneiro (org.). São Paulo: CIP, 2018.

CARVALHO, Paulo de Barros. **Curso de Direito Tributário**. 24. ed. Saraiva, 2012.

CARVALHO, Paulo de Barros. **Curso de Direito Tributário**. 26. ed. Saraiva, 2014.

CARVALHO, Paulo de Barros. **Derivação e positivação no direito tributário**. vol. 1. São Paulo: ed. Noeses, 2011.

CARVALHO. Paulo de Barros. **Direito Tributário. Linguagem e método**. 5ª. ed. São Paulo: Noeses, 2013.

CARVALHO, Paulo de Barros. **Fundamentos Jurídicos da Incidência**. 10ª. Ed. Saraiva. 2018.

CMB – Confederação das Misericórdias do Brasil. Disponível em: https://www.cmb.org.br/cmb/index.php/institucional/quem-somos/historico#:~:text=A%20primeira%20Santa%20Casa%20do,guerras%20e%20pelas%20grandes%20navega%C3%A7%C3%B5es. Acesso em: 21 dez. 2022.

COSTA, Regina Helena. **Curso de Direito Tributário**: Constituição e Código Tributário Nacional. 12. ed. São Paulo: SaraivaJur. 2022.

DA COSTA, Ilton Garcia; FREITAS, Paulo Henrique de Souza (organizadores). **Terceiro Setor, ONGs:** Questões Críticas. 1. ed. São Paulo, Ed. Verbatium, 2012.

DALLARI, Dalmo de Abreu. **Elementos da teoria geral do estado**. 33. ed. São Paulo: Saraiva, 2016.

DALSENTER, Thiago. **Extrafiscalidade e Seletividade.** In: VALLE, Maurício Dalri Timm do. Valadão, Alexsander Roberto Alves. Dallazem, Dalton Luiz. **Ensaios em homenagem ao professor José Roberto Vieira**. Ao mestre e amigo, com carinho... (Coord.) 1. ed. São Paulo. Noeses, 2017.

DE MOURA, Pe. Laércio Dias, SJ. **A educação católica no Brasil**. Passado, presente e futuro. ed. Loyola. São Paulo: 2000.

DEMONSTRATIVO de Gasto Tributário – DGT. PLOA 2022. Disponível em: https://www.gov.br/receitafederal/pt-br/centrais-de-conteudo/publicacoes/relatorios/renuncia/gastos-tributarios-ploa/dgt-ploa-2022-base-conceitual/view. Acesso em: 23 jan. 2023.

DERZI MACHADO. Misabel de Abreu. Nota de Atualização. *In:* BALEEIRO. Aliomar. **Limitações constitucionais ao poder de tributar**. 11. ed. Rio de Janeiro: Forense, 2004.

FERNANDES, Edison Carlos. **Imunidade Tributária**. *In* Imunidades Tributárias. MARTINS. Ives Gandra da Silva (coord.). **Imunidades Tributárias,** São Paulo: Ed. RT/Centro de Extensão Universitária, Pesquisas Tributárias, Nova Série, n. 4, 1998.

FLOYD, Greenleaf. **Terra de Esperança**. O crescimento da igreja Adventista na América do Sul. Tradução Cecília Eller Nascimento, Tatui, SP: ed Casa Publicadora Brasileira, 2011.

GRAZIOLI, Airton; PAES, José Eduardo Sabo. **Compliance no Terceiro Setor**. Controle e Integridade nas Organizações da Sociedade Civil. São Paulo: Editora Elevação, 2018.

GRAZIOLI, Airton; PAES, José Eduardo Sabo; DOS SANTOS, Marcelo Henrique; DE FRANÇA, José Antonio; **Organizações da Sociedade Civil**: Associações e Fundações. Constituição, funcionamento e remuneração de dirigentes. São Paulo. EDUC. 2016.

GRAZIOLI, Airton; PAES, José Eduardo Sabo. **Compliance no Terceiro Setor**. Controle e Integridade nas Organizações da Sociedade Civil. São Paulo: Editora Elevação, 2018.

GOIS, Maurício. **Efeitos atribuídos aos CEBAS e seus reflexos para as organizações filantrópicas. Escola Aberta do Terceiro Setor**. Disponível em: https://www.escolaaberta3setor.org.br/post/efeitos-atribu%C3%ADdos-aos-cebas-e-seus-reflexos-para-as-organiza%C3%A7%C3%B5es-filantr%C3%B3picas. Acesso em: 1 nov. 2020.

HAYEK, F. A. **A Constituição da Liberdade**. Tradução de Pedro Elói Duarte. São Paulo: Ed. Avis Rara, 2022.

HOLMES, Stephen; SUSTEIN, Cass R. **O custo dos direitos**. por que a liberdade depende dos impostos. Tradução de Marcelo Brandão Cipolla. São Paulo: Editora WMF Martins Fontes, 2019

JAGUARIBE, Hélio. **Introdução ao desenvolvimento social**. São Paulo: Círculo do Livro. Ed. Paz e Terra S.A, 1978.

KELSEN, Hans. **Teoria geral do direito e do Estado**. ed. 5ª. São Paulo: Martins Fontes, selo Martins, 2016.

LENZA, Pedro. **Direito constitucional esquematizado.** 17 ed. rev., atual. e ampl. São Paulo: Saraiva. 2013.

Mackenzie. **Nossa História. 150 anos**. 1870-2020. Disponível em: https://www.mackenzie.br/memorias/150-anos/nossa-historia/arquivo/n/a/i/o-inicio-da--escola-americanao. Acesso em 19 jan. 2023.

MALERBI, Diva. **Imunidade Tributária**. *In* Imunidades Tributárias. MARTINS. Ives Gandra da Silva (coord.). **Imunidades Tributárias,** São Paulo: Ed. RT/Centro de Extensão Universitária, Pesquisas Tributárias, Nova Série, n. 4, 1998

MALUF, Sahid. **Teoria Geral do Estado**. 17. ed. rev. e atualizada pelo Prof. Miguel Alfredo Maluf Neto. São Paulo, ed. Sugestões Literárias, 1986.

MACHADO, Hugo de Brito. **Curso de Direito Tributário**. 39ª. Ed. Malheiros Editores. São Paulo. 2018.

MÂNICA, Fernando Borges. **Imunidade tributária das entidades beneficentes e o fim das certificações do Terceiro Setor no Brasil**. In: VALLE, Maurício Dalri Timm do. Valadão, Alexsander Roberto Alves. Dallazem, Dalton Luiz. **Ensaios em homenagem ao professor José Roberto Vieira**. Ao mestre e amigo, com carinho... (Coord.) 1. ed. São Paulo. Noeses, 2017.

MARTINS, Ives Gandra da Silva. **A imunidade das filantrópicas**. Revista Bonijuris, Ano 30, Número 650, p. 62-77, Fev/Mar 2018.

MARTINS, Ives Gandra da Silva. **A Reforma Previdenciária e a Imunidade das Filantrópicas**. Revista Bonijuris, ISS 1809-3256, Vol. 30 – Edição 650 – Fev/Mar 2018.

MARTINS, Ives Gandra da Silva. **Cinquenta Anos do Código Tributário Nacional**. Carta Mensal. Confederação Nacional do Comércio de Bens, Serviços e Turismo – v. 1 (1955) – Rio de Janeiro, CNC. 1955, Ed 736. Julho de 2016.

MARTINS. Ives Gandra da Silva (coord.). **Imunidades Tributárias,** São Paulo: Ed. RT/Centro de Extensão Universitária, Pesquisas Tributárias, Nova Série, n. 4, 1998.

MARTINS. Ives Gandra da Silva (Coord.). **Pesquisas Tributárias** – Nova Série 5, Processo Administrativo Tributário. 2.ed. São Paulo: Coed. Centro de Extensão Universitária/Ed. RT, 2001.

MELLO, Janine. PEREIRA, Ana Camila Ribeiro. **Dinâmica do terceiro setor no Brasil**: Trajetórias de criação e fechamento de organizações da sociedade civil (OSCS) de 1901 a 2020. Texto para discussão. Rio de Janeiro: ed. Instituto de Pesquisa Avançada.

MESTRINER, Maria Luiza. **O Estado entre a filantropia e a assistência social**. 3. ed. São Paulo: Cortez, 2008.

NOGUEIRA, Octaviano. **1824. Constituições Brasileiras**. Volume 1. 3. Ed. Brasília: Senado Federal, Coordenação de Edições Técnicas, 2015.

NUNES, Cleucio Santos. **Justiça Tributária**. Belo Horizonte: Fórum, 2019.

ONU. Organização das Nações Unidas. Disponível em: https://news.un.org/pt/story/2022/11/1805342. Acesso em 20 nov. 2022.

PAES, José Eduardo Sabo. **Fundações, associações e entidades de interesse social:** aspectos jurídicos, administrativos, contábeis, trabalhistas e tributários. 11. ed. rev. e atual – Rio de Janeiro: Ed. Forense, 2021.

PAES, José Eduardo Sabo (coord.). **Terceiro Setor e Tributação**. (Série terceiro setor e tributação; v. 9). São Paulo: Elevação, 2016.

PAES, José Eduardo Sabo (coord.). MAGALHÃES, Juliana Aparecida; CARVALHO, Fernando Luz; DE SOUZA, Leila Regina Paiva; TEIXEIRA, Hugo Leonardo Zaponi (coord. Adjuntos). **Terceiro Setor e Tributação**. São Paulo. Elevação, 2019 (Série terceiro setor e tributação; v. 10).

PAES, José Eduardo Sabo; CHIELE, Marinez (coord. adjunta). **Terceiro Setor e Tributação**. v. 4. São Paulo. Forense, 2011.

PESQUISA. **A contrapartida do Setor Filantrópico Para o Brasil. 2022. Fórum Nacional de Instituições Filantrópicas**. Disponível em: http://materiais.fonif.org.br/pesquisa-mais-filantropia. Acesso em: 22 jun. 2022.

RODRIGUES. Marilene Talarico Martins. **As imunidades das Instituições Religiosas** (Templos e Instituições de Assistência Social. In: CARVALHO. Paulo de Barros. MARTINS. Ives Gandra da Silva (coords.). **Imunidades das Instituições Religiosas**. São Paulo: Noeses, 2015.

SANTOS, Boaventura de Souza. "**A Reinvenção Solidária e Participativa do Estado**", p. 14 e 15. Disponível em: https://sinapse.gife.org.br/download/reinvencao-solidaria-e-participativa-estado. Acesso em: 27 out. 2022.

SCHOUERI, Luis Eduardo. **Direito Tributário**. 9. ed. São Paulo: Saraiva, 2019.

SCHWAB, Klaus. **A quarta revolução industrial**. Tradução Daniel Moreira Miranda. São Paulo: Edipro, 2016.

TÁCITO, Caio. 1988. Constituições Brasileiras, Volume VII. 3. ed. Brasília: Senado Federal, Coordenação de Edições Técnicas, 2015.

TEMER, Michel. **Elementos de Direito Constitucional**. 4. ed. São Paulo: ed. Revista dos Tribunais, 1987.

TEODOROVICZ, Jeferson. **História Disciplinar do Direito Tributário Brasileiro** – Série Doutrina Tributária Vol. XXI. São Paulo. Quartier Latin, 2017.

VALLE, Maurício Dalri Timm. **Princípios constitucionais e regras matrizes de incidência do imposto sobre produtos industrializados** – IPI. São Paulo: Noeses, 2016.

VITORELLI, Edilson. **O devido processo legal coletivo**: dos direitos aos litígios coletivos. São Paulo: RT, 2ª. edição, 2019.